Thank you. I love you. I'm sorry. Please forgive me.

ホ・オポノポノ ライフ

ほんとうの自分を取り戻し、豊かに生きる

著：カマイリ・ラファエロヴィッチ
訳：平良アイリーン

講談社

今すぐ解決したい問題があるからこそ、
自分自身を知ることが大切。
〝Who am I?〟
自分が一体何者なのかを知ることから始めます。

4-TIER
Buffet
SERVER
CONSTRUCTION SET
THE CLASSIC
NKERTOY

セルフ・アイデンティティー・スルー・ホ・オポノポノ
「ほんとうの自分を知る」という意味です。

写真

Seiya Nakano ©2011 Seiya Nakano
P2, 3, 6, 7, 8, 200, 201, 204, 208, 209, 237

MIKO WALCZUK ©2011 Miko Walczuk
P49, 50-51, 54, 56, 105, 106-107, 108, 112, 193, 194-195, 196

はじめに

アロハ！　わたしの名前はカマイリ・ラファエロヴィッチです。簡単に、KR（ケーアール）と呼んでください。ハワイ、オアフ島のジャングルの中で犬二匹と暮らしています。

一九歳のとき、カフナ・モーナ・ナラマク・シメオナ（P19※）と出会ってから現在まで、ホ・オポノポノを通して個人セッションやボディーワークを行ってきました。

古代ハワイから伝わる問題解決法、「ホ・オポノポノ」がシンプルに、そして誰かに頼らなくても、自分一人でできるようにしたものが「セルフ・アイデンティティー・スルー・ホ・オポノポノ（SITHホ・オポノポノ）」（本文中では省略してホ・オポノポノとさせていただきます）です。

このホ・オポノポノを簡単に説明します。わたし達の中にある三つのセル

※注1

〘三つのセルフ（自己）〙

表面意識（ウハネ）

わたし達が日常で認識している意識。クリーニングをスタートさせる部分。ウニヒピリにとって母親のような存在。

潜在意識（ウニヒピリ）

幼少期だけでなく、この世が誕生して以来の有機物から無機物までが持つすべての記憶を保管し、感情や問題として再生、表現している部分。ウハネからクリーニングの意志がウニヒピリへ届いたとき、それをアウマクアへ繋げる。

フ（※注1）のうちの一つであるウニヒピリ（潜在意識）の中には、時代を越えて溜《た》めこまれてきた膨大な記憶があります。

わたし達の抱える問題やあらゆる体験の原因は、この膨大な記憶が今この瞬間に再生し続けていることであると言われています。

そして、問題の原因となる記憶を消去することをクリーニングと呼び（※注2・P15）、そのために必要なクリーニングツール（クリーニングをする方法）がいくつもあります。

たとえば『**4つの言葉**』です。「ありがとう」「愛しています」「ごめんなさい」「許してください」と問題を体験しているときに、ただ心の中で唱えます。4つ言わなくても、「**愛している**」だけでも構いません。他には「**アイスブルー**」と言って（または心の中で唱えて）植物に触るというクリーニングの方法などいろいろありますが、ルールはなく、自分のインスピレーションに従ってそのときに使いたいクリーニングツールを自由に使いましょう。

超意識（アウマクア）

ウニヒピリから届いたクリーニングの働きを、唯一、☆神聖なる存在（ディヴィニティー）に届けることができる。

☆**神聖なる存在（ディヴィニティー）**

すべての存在の源。アウマクアから届いたクリーニングによって、初めてホ・オポノポノのプロセスを実行し、記憶を消去してくれる存在です。本書では「宇宙」とも呼んでいます。

わたしはこの基本のクリーニングツールを始め、インスピレーションから
そのときに応じたクリーニングツールを見つけます。本書の製作が始まって
から、出来上がるまでのクリーニングの過程で、読者を始めこの本に関わる
すべての人達、モノや場所、そしてこの本自体へのクリーニングツールが二
つ現れました。ここで紹介させてください。

『SUN BURST（太陽爆発のエネルギー）』※図1

深刻な問題によってうつ状態になっているとき、わたし達はまさしく崖っぷち状態。崖から落ちそうなときに、その暗闇を突き破ってくれるツールです。

イメージの中で、崖から落ちそうになっている自分が下から発生した太陽爆発のエネルギーによって、下からぐんっと勝手に持ち上げられることを想像してください。

※図1

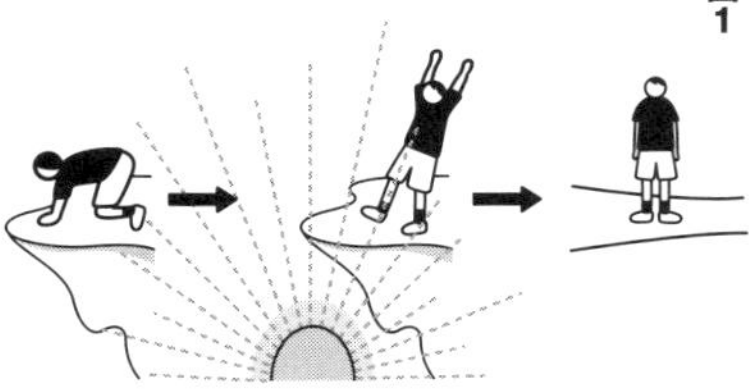

※図2

『BLUE SOLAR WATER SHAKER（ブルーソーラーウォーターのシェーカー）』※図2

カクテルをつくるときに使うシェーカーをイメージしてください。そのシェーカーをあなたが振ることで、いつでもどこでも絶え間なく**ブルーソーラーウォーター**（※注3）が溢《あふ》れ出ます。何か問題を体験したとき、まず自分で飲み、そして問題に関わる人やモノ、動物、土地、国、などに飲ませたり、かけるイメージをします。痛みや苦しみで傷ついている大地や、暴力で苦しむという記憶もクリーニングします。

この二つのクリーニングツールはわたしから皆さんへの贈り物です。もし心の中でピンとくるものがあれば、日々のクリーニングの中に取り入れてみてください。繰り返しますが、『4つの言葉』など、クリーニングツールは他にもたくさんありますので、自分にとってそのとき使いたいクリーニングツールを使い、いつでもクリーニングしましょう。

※**注3**

【ブルーソーラーウォーター】

ブルーソーラーウォーターは飲料水としてはもちろん、料理、洗濯、野菜を洗ったり、お茶を入れるとき、植物の水やりなど、日々の生活で実際に使用できるクリーニングツール。

［作り方］

①青いガラス製のボトルを用意して、お水（水道水でもミネラルウォーターでも）を注ぎ、フタ（金属製以外で、コルクやガラス、プラスチック製のもの）をします。

②日光に30分～1時間当てます。日光が出ていない夜間や窓のない室内であれば白熱灯でも代用できます。

③出来上がり！

モーナはホ・オポノポノのことをよく自転車にたとえました。自分が問題を解決したいとき、自転車をこぐ（つまりクリーニングを続ける）ことを選択することで、ホ・オポノポノという問題解決のプロセスはどんなときでも始まるのだとおっしゃいました。どんな場所や時代、有機物や無機物でも、すべてにおいてこのプロセスは適用されます。

この本では、日々の生活で問題を体験したとき、ホ・オポノポノという叡智をどんなふうに活用できるのかをお伝えします。まずは、今この瞬間、自分が生きている「ライフ」を感じることから始めましょう。本を読む間も、一瞬一瞬わたし達の中では数えきれないほどの膨大な記憶がノンストップで再生されています。この本を読んでいる間、みなさんがホ・オポノポノという自転車に乗りながら、クリーニングツールを使う練習をしていただければと思っております。

いつも平和を。

カマイリ・ラファエロヴィッチ

※注2

クリーニングをスタートしたとき「人」と「神聖なる存在」の中で起こる働き

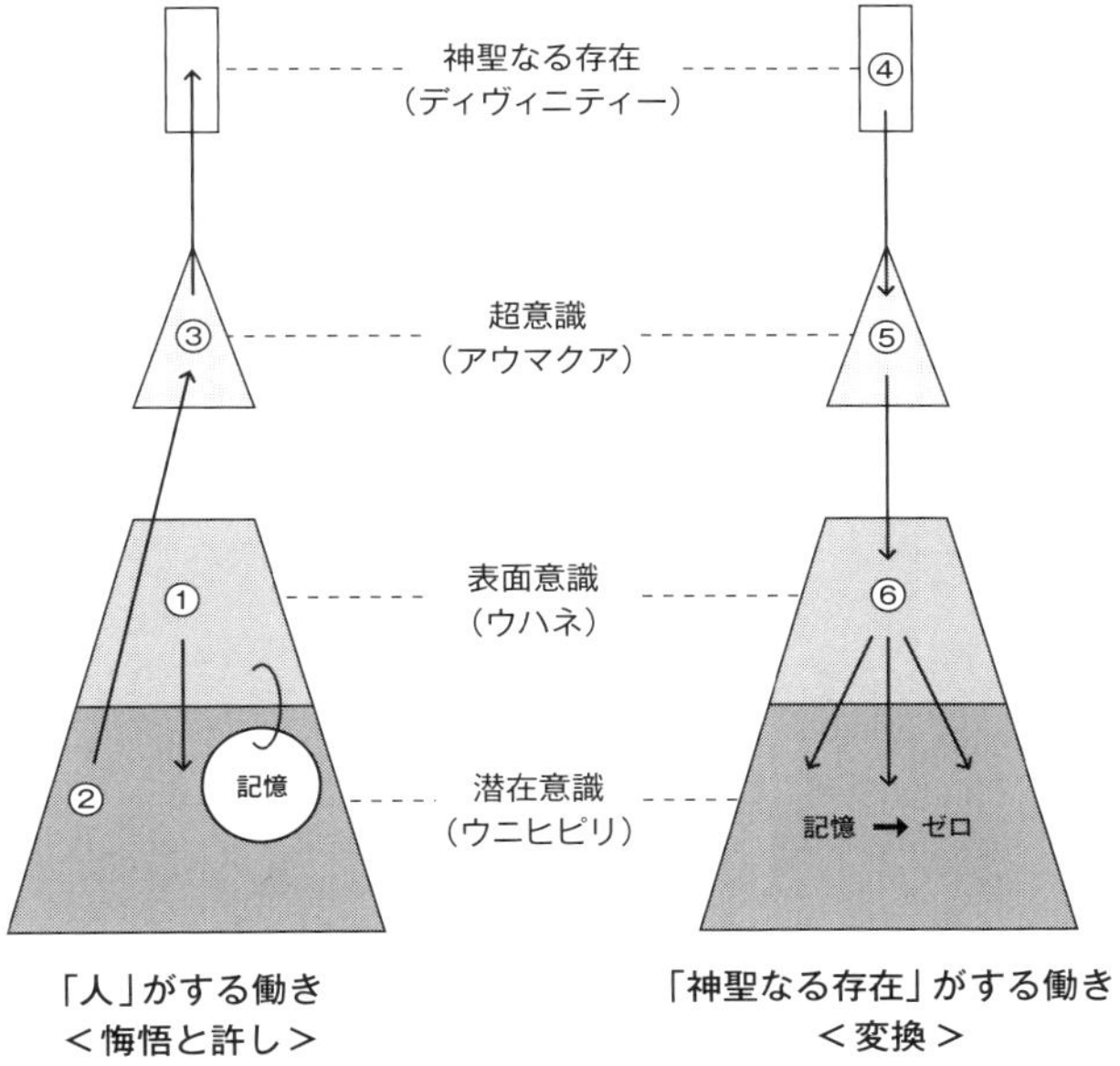

モーナとわたし　1

小さい頃、父に連れられてアメリカ東海岸にある戦場跡地に行きました。歩いていると、いつの間にか足下は血の海、そこら中に死体がいっぱいという恐ろしい光景の中に自分がいました。何度か瞬きをすると元の景色に戻りました。
幼かったわたしは、それが一体何なのかはわかりませんでした。そのとき体験したことは、自分の記憶の再生であり、それをどのように扱うことができるのかを初めて知ったのは、一〇代後半の頃でした。

一九六九年、当時一九歳だったわたしは、まるで掃除機に引っ張られるように「ハワイに行こう」と思い立ち、気づいたときには、たった一人飛行機に乗っていました。他にもっと理由があったはずと自分では思うのですが、本当にただハワイに来ていたのです。

ホノルル市内に着くとすぐに宿泊先を見つけ、数日間滞在しました。ある朝、ワイキキビーチの砂浜を散歩していると、一人の女性が浜辺の向こうからやってきて、わたしにこう言いました。

「あなたがきっと会いたい人がいるから、よかったら一緒に来ませんか？」

わたしは「はい」と返事をして、何の疑問もなく彼女についていきました。

カハラの近くにあるとても静かで清潔な建物の一室で、その女性はひっそりと座ってわたしを待っていました。それがモーナ・ナラマク・シメオナ（P19※）でした。

「あなたは何かスピリチュアルなことを学んでいるの？」まず最初にモーナはわたしに優しく問いかけました。

「いいえ」とわたしが答えると、「ほんとうに？」と再びモーナは聞きました。

当時、モーナはすでに古代ホ・オポノポノを、万物すべてに有効なプログラムとしてＳＩＴＨホ・オポノポノという形にしていく準備を整えていて、それをプログラムとして構築するために、アシスタントを迎えようとしていました。

クリーニングを通して、インスピレーションから新しいホ・オポノポノを構築するためには、神聖なる存在（ディヴィニティー）の声をゼロから受け取る必要がありました。そのために、わたしの中に何か特定の知識がすでにあるかどうかをモーナは確かめたかったのだと思います。どうやってわたしを見つけたのかはいまだにわかりませんが、それが、わたし達の出会いでした。

そのようにして、モーナと一緒に時を過ごすようになりました。あのとき、自分を含めすべての物事がなぜ、あれほどスムーズに動いたのかわたしにはわかりませんが、ハワイに飛び立つ瞬間から、「もうこれだ」と何の迷いも抵抗もありませんでした。

宇宙の流れに抵抗しなかったのは、あのときが初めてだったかもしれませんね。何かを選んだり、進もうとするとき、今から何かスリリングなことが待ち受けているかのように、過去の後悔やトラウマが現れてきます。でもそのときは、そういうことはなく、もうすでに道がうんと広がっていて、自分が吸い込まれていくようでした。気づけば、ただそこにそれがあったという感じかしら。モーナがクリーニングを通して準備をしてくれていたのだと思います。

※**モーナ・ナラマク・シメオナ（一九一三〜一九九二年）**

カフナ・ラパアウ（ネイティブハワイアンの伝統的高度医療専門家）として、古代ホ・オポノポノを発展させ、セルフ・アイデンティティー・スルー・ホ・オポノポノ（SITHホ・オポノポノ）を編み出す。医療施設や大学機関、国連などで講演や指導を行ってきた。一九八三年には、その業績が讃えられ、ハワイ州議会により「人間州宝」を授与された。

目次

はじめに 10
モーナとわたし1 16
ゴール
生きる目的? 26
将来のわたし 27
グウ 30
言葉 32
期待
自分にとって最適な場所 38
幸せ 41
年齢 42
【Q&A】ほんとうの自分が選ぶもの 46

人間関係

「すべき」をクリーニング 58
孤独について 62
問題は誰に？ 67
【Q&A】次のステップに進む 70

お金

お金、体、スピリチュアリティー 76
欲しいもの 81
お金が欲しい…… 86

仕事

オフィス 94
立場 97
【Q&A】転職 100

自然

ライチの木 114
庭の芝生 117
パパイヤの木 119

土地と家

家との出会い 123
家と会話する 126
インスピレーション 129
クリーニングの場所 131
土地の記憶 134

体

体に優しいあり方 139
家族が病気で苦しんでいるとき 141
ホ・オポノポノのボディーワーク 145
うつ 148
別れについて 152
過去の願い 157

KR

わたしとウニヒピリ
こだわり 161
許し 163
トラウマ 166
母と子 168

母と子
良い母親は良いウハネ 173
ケアテイカー 175
子どもの育て方 179
【Q&A】子どもに与えられること 187

対談　KR&よしもとばなな
ホ・オポノポノ・トーク 201

モーナとわたし2 238
おわりに 242
写真の説明 246

ゴール

生きる目的？

どこかにある目的地に到着することが、この世に生まれた目的ではないような気がします。どこかに向かって歩んでいく、その旅そのものがわたしの人生。わたしにとって、そのどこかとは、ゼロ、つまり「ほんとうの自分」です。ほんとうの自分に戻っていくためのホ・オポノポノという乗り物に初めて乗ったときから、いつしか数十年が過ぎました。

クリーニング、クリーニング。一歩一歩。

とにかく毎日続けてきました。今までゴールに到着したことはありません。毎日毎日、クリーニングしながら人生を歩いています。

たとえば、苦労して勉強して医者になったとしても、それがゴールではありませんよね。医者になったところから初めて体験していくものですよね。

それでも、あまりに疲れていると、「ああもうゴールに行きたい、旅は疲れた、休みたい」と思うことがあります。そんなときは、ホ・オポノポノという乗り物からいったん降りてしまってもいいのです。しかし、わたし達にはいつでも自分の中に選択肢があり、「やっぱりホ・オポノポノしてみようかしら」と思ったら、そのとき体験している『疲れ』をまたクリーニングすることから再び始められます。

頭や心を使うのが辛《つら》いときは、クリーニングツールであるブルーソーラーウォーターやお茶、植物も力を貸してくれます。クリーニングツールはたくさんあるのですから、まずは、自分とウニヒピリに優しい環境作りをしたいですね。

将来のわたし

人生とは、まるでつぼみから次第に花開いていくようなものです。花が咲くまではどんな形になるのかはわかりません。始めからゴールなどないですし、行き先も決まっていません。ある日、わたし達はこの世に目覚め、その日から『わたし』という人間を通してあらゆるものと出会い、体験していきます。

わたしは、一九歳で初めてホ・オポノポノに出会い、それからずっとクリーニングを続けていますが、何かの目的のためにとか、将来のためにクリーニングしたことはありません。クリーニングするのと同時に新しい道が作られていくのですから、わたしが勝手に将来を想定しても意味がないのです。

自分が体験している生活環境や人間関係など、日常で学ぶことは多くありますが、今この瞬間をクリーニングすることによって、数年後、もしくは明日歩く道が自分の想像を超えるようなところにできているかもしれません。わたしの中にもともとあった記憶が一つ剝《は》がれ落ちることで、神聖なる存在、つまり宇宙はわたしに新しい道を用意してくれているのです。

行き先が見えない道を歩むことは、とても不安なことかもしれませんが、あなたの学びに意味がないと言っているのではなく、体験する一つ一つをクリーニングしていくことで、人生を記憶からではなくインスピレーションとして生きていくことができます。逆に、今この瞬間の体験をクリーニングしない限り、記憶の再生の中で生きているわけですから、いつか形を変えて同じ記憶を体験します。

クリーニングをしていると、自分にとって完璧なタイミングで、完璧な方向に花びらが開いていきます。自分を含めた誰かに対して、その生き方は間違っていると感じたら、その体験をホ・オポノポノを使ってクリーニングします。記憶を手放すためにウニヒピリはいろいろな形にして見せてくれているのです。**どんなに賢い人間であっても、これが正しいということはわかりません。正しいことをわかっているのは神聖なる存在だけです。わかったように思わせているのは記憶です。**

クリーニングを続けていくうちに、そのことが自然と実感できるようになりました。無理矢理誰かをコントロールしたり、反対に、誰かにコントロールされたりしなくても、自分の人生はどんどん広がっているのです。クリーニングさえしていれば、ある日後ろを振り返ったときに、今まで自分が見てきたものとはまったく違う景色が広がっているはずです。

わたしは長い間ハワイの美しいジャングルの中で生活していますが、初めてホノルル空港に降りた一〇代の頃、将来わたしがこんなふうに暮らしているという想像はしませんでしたし、経済的な状況からも、自分が家を建てられるとは思いもしませんでした。最近では、幸運にも日本を訪れる機会をいただいていますが、ほんの数年前まで、わたしの中にそんなプランはありませんでした。このように、わたしの人生は意志とは関係ないところで、自由自在に広がり続けています。

わたしのことだけではありません。大切な家族も同じです。わたしがクリーニングをして、平和を自分の内側に見つけることができたとき、周りにいる家族や友人、環境も自然ともともとの完璧な状態に戻っていきます。

グウ

願いを叶《かな》えたいとき、欲しいものを手に入れるために必死になっているとき、強い意志で何かを成し遂げようとしているとき、たとえそれがあなたのモチベーションになっていたとしても、「これがわたしの道なんだ！」と強く思っているときというのは、ホ・オポノポノでは、グウ（握りこぶし）になっているときです。

グウになっているときは、インスピレーションの流れが遮られているときなので、そんなときこそクリーニングしたいですね。

何かに対して、ネガティブやポジティブ、良い悪い、で判断しているときもグウになっているときです。もし、「今これが幸せ！」と自分の中では幸福の絶頂を感じていたとしても、実際には、ウニヒピリの中では何かが起き始めているかもしれません。

もちろん、「幸せ」と感じるのは素晴らしいことです。でもそれをグウにして、クリーニングの波を遮らないこと。何かに執着して、今グウになっているなと感じたら、その体験をクリーニングします。普段人は、自分達のウニヒピリと繋《つな》がっていないことが多いので、何が喜びで何が怒りか、ほんとうのところわかりません。だからといって、それが悪いということではなく、「これはイイ！」「これは最悪！」という体験をクリーニングできる自分でいたいのです。

ホ・オポノポノを自転車にたとえて説明してみます。自転車はペダルを踏み、こぐことで進むことができる乗り物です。こぎ続けて道を進んでいくと、ある日ハッピーな出来事に遭遇したとします。そんなとき、「やった〜！」と気持ちが高ぶり、ペダルを踏むのをやめてしまうと、とたんに自転車は止まり、あなたは転んでしまいます。

ですから、右足で踏んだペダルによって進み、新しい景色（体験）が見えたら、次に、その体験をクリーニングするために左足でペダルを踏みます。そこで出会った出来事（体験）を今度は右足でペダルを踏んでクリーニングします。そんなふうに自転車をこぎ続ける（クリーニングを続ける）と、今のこの人生が色を変えて目の前に現れてくるはずです。どんなときでもホ・オポノポノという自転車に乗りながら、インスピレーションを受け取れる柔軟な自分でいたいものですね。

言葉

わたしは今のところ、世界で一番長くＳＩＴＨホ・オポノポノを続けている人だといわれています。四〇年以上クリーニングをしているということは、四〇年かけても消去しきれないくらいたくさんの記憶がわたしの中にあるということ。だから、クリーニングを長く続けている人が何か特別な能力があるという意味ではありません。

そういえば、子どもを産んでから進学した大学では第二言語として日本語を学んでいました。とても真面目《まじめ》に勉強し、宿題も予習も精一杯やったのに（もちろんクリーニングも)、何も覚えられませんでした。一体なぜだろうと思ってモーナに相談すると、「わたし達は、ほんとうはすべての言語を理解できるのよ」と教えてくれました。

わたし達がこの世に生まれたのは決して今回が初めてではない、ということはイハレアカラ・ヒューレン博士もわたしもお伝えしていることです。わたし達の表面意識で知覚できることではありませんが、これまであらゆる人種や他の物体として、さまざまな時代や国にいたため、潜在意識の部分では本来あらゆる言語を理解しています。そこで問題を体験させるのは、自分の中の記憶の再生なのだとモーナは言うのです。

わたし達がこのことで早速クリーニングをしていると、「アイヌの時代に何かあったのでしょう」とモーナは言いました。「あなたやわたし、または誰かがどのようにかかわってきたのかはわかりませんが、当時起きたことをわたし達の中で今この瞬間クリーニングしない限り、日本や日本にかかわるあらゆるモノ、そして、日本語という道はわたし達をそこへ通そうとはしないでしょう」と言いました。理由はわかりませんでしたが、わたしの中にあるアイヌとの記憶、そして日本、日本語、今のわたしの体験をスタートとして、丁寧にクリーニングしていきました。

「わたしは現在はアメリカ人として生きているけれど、過去に何者であったかわからない。けれど、こうして何か意味があって、ウニヒピリが日本語を体験させているのだから、わたしの知性では理解しきれないことをクリーニングするチャンスを与えられているのだ」と思い、その立場から、わたしは見えてくるさまざまなことをクリーニングし続けました。

そうしてそこから何十年と経ち、わたしは今、日本の皆さんと毎日クリーニングをする機会を与えられています。個人セッションや講演会などではもちろん通訳がつきますが、クリーニングにおいては、言語でつまずくことはまったくありません。詳細はわからないけれど、そばで誰かが笑っていると、そのおかしさがこちらまで伝わり、よく大笑いするので、驚かれます。「今何を話しているのかわかったのですか?」と聞かれるので、「YES!」と答えると、またみんなで大笑いします。

個人セッションの中で、「英語をいくら勉強してもセンスがないから覚えられない」とか、「世界で活躍するために英語を覚えたいのです」という内容の相談がよくあります。ここで忘れてはいけないことは、わたし達は言語を覚えるためにクリーニングをするのではないということです。暗記が上手になるためにクリーニングするわけではありません。「自分の中の一体何が、こうして外国語を覚えさせようとしているのだろうか？　なぜ外国語を上手に話させないのだろうか？　海外に行かせたいのだろうか？」と、このように体験している想い、考え、感情を丁寧にクリーニングしていくことで、自分の中のブロックが一つずつ取り除かれ、問題のもっと根っこにある解決すべき部分をクリーニングすることができます。ウニヒピリは「外国語を覚えたい」という体験を通してわたし達にクリーニングできる記憶があることを伝えてくれているのです。

このことは、言語を学ぶことだけではなく、勉強して良い成績をとりたいとか、資格をとりたい方にも同じことが言えます。**わたし達は決して、何かを得るためにクリーニングするのではありません。クリーニングするために勉強したり、資格をとったりします。クリーニングするために、良い学校に入るのです。**

表面意識にとっては、今この体験こそが人生において一番の目的であると確信するのも無理はありません。わたしだって何十年と時間をかけて、いつのまにか自然とクリーニングのリズムがこのようになったわけですから。「クリーニングのために！」と無理矢理マインドコントロールをする必要もありません。ただ、そのように何かを強く求めているときにこそ、クリーニングすることで、インスピレーションから学ぶことができるようになります。

ゼロの状態で何かをしているときは、得るもの、学ぶものの一つ一つが、まるで宇宙からの贈りもののように、インスピレーションとして自分の元に届きます。そうしてクリーニングを続けるうち、自分にとって最適なところに着地しているのです。

期　待

自分にとって最適な場所

いろいろな生活の仕方があります。たとえば、都会的な生活か、それとも自然の中か。ベジタリアンだったり、無農薬主義や、化学的なものは一切取り入れないなど。その生活の方法に強い信念を持っていたり、やむを得ずそうしていたり。

たとえば、高層ビルに囲まれた都会に住み、大自然の中での生活に憧れているとしたら、まずは、その想いをクリーニングすることができます。次に、仕事があるから田舎に引っ越すことは不可能だという想いを体験したら、そこをクリーニングします。そうしてどんどんクリーニングしていくと、インスピレーションから、急に「部屋の壁紙の色を変えよう」と思いつくかもしれませんし、部屋に置く素敵な植物やポスターに出会えるかもしれません。または、休暇で訪れた場所でとてもリラックスすることができるかもしれません。これらは表面的な解決方法に捉えられがちですが、クリーニングの結果得たインスピレーションによる行動は、お金や時間をかけたどんなものよりも自分にとってパーフェクトなものになります。

正しい答えというのは表面意識の中にはありません。クリーニングが行われることによって、一瞬一瞬、自分の生きる道は変化していきます。どこか別の場所に住みたいと思う、その体験をクリーニングすることで、都会的な暮らしが間違っているという自分の思い込みを手放すことができるかもしれません。

今与えられている場所が自分にとって正しい完璧な場所です。不満に思われる方もいると思います。しかし、クリーニングするべきものがあるから、あなたは今そこにいて、何かをして、誰かと関わっているのです。

今いる場所で感じる想いや体験を一つ一つクリーニングしていけば、自然と次の道が用意されていきます。クリーニングするたびに、また一枚、また一枚と扉が用意されていて、いろんな可能性と出会うことができます。旅はどんなときも続いています。執着によって同じ景色を歩いているように見えるだけで、一瞬一瞬わたし達は選択しながら扉を開いています。『クリーニングか、記憶か』このどちらかを。

遠く離れて暮らす息子夫婦に、ニューヨークへ旅行に行かないかと誘われたときのことです。誘ってくれてうれしかったのですが、人混みや車がたくさんあって大丈夫かしら、買い物が苦手なのに、みんなを疲れさせてしまわないかしら、とさまざまな感情が溢《あふ》れました。出てくる感情をどんどんクリーニングして、まずは「行く」という返事をし、それからもクリーニングを続けていました。

出発の日が迫ると、このハワイの自然の中にある静かで大好きな家から一歩たりとも出たくない、と涙が出そうなくらい感情的になっている自分に気がつきました。こんなに深い執着がわたしの中にあったのね、と驚きながらもクリーニングしていると、わたしの中の家に対する記憶が剝《は》がされていくうちに、家がとても楽になっていく様子が感じられました。クリーニングするチャンスを与えてくれた息子夫婦に心から感謝して、ニューヨークに旅立ちました。

それはそれはとても楽しい旅行になりました。素敵な美術館に行ったり、とてもおいしいピザ屋さんも見つけました。そして、何よりもニューヨークはわたしにクリーニングの機会をたくさん与えてくれました。普段休暇を取るときは、山登りや川下りを好むわたしを知っているため、息子のお嫁さんは楽しそうにニューヨークを歩いているわたしを見て、とてもうれしかったそうです。

何が正しくて何が間違っているのかが重要なのではなく、自分が今与えられていることが完璧なものだということを家族旅行を通して知ることができました。

幸せ

「あぁ幸せだな」と感じるとき。わたしにとってそれは、ウニヒピリと自分が繋がり『ほんとうの自分』を体験しているときです。そこで初めて自分の存在感や喜びを感じます。嫌なことがあっても、クリーニングしてウニヒピリと交流し本来の自分のバランスに立ち戻ることができたとき、わたしは幸せを感じます。

たとえば、わたしの家は車のナビゲーションにも映らないくらい、入り組んだ山の中にあります。道路も一般的な車道というよりも、車一台がやっと通れるくらいの細い道です。外出するときは車でその道を通るのですが、たまに反対から対向車が入ってくることがあります。とても急いでいるときは、一瞬「何やってるのよ！　下がって！」と言いたくなったり、その道自体にイライラを感じたりもしますが、瞬時にクリーニングをすることで、自然と「お先にどうぞ」と自分から道をゆずることができます。そうすることで、今まで気づかなかった新しいお花の存在を発見したり、その細い道があるからこそわたしの愛する環境があるんだとフワッと感謝できたり、滞っていた空気や場の中に自然な流れがうまれたとき……それがわたしにとっての幸せです。

そんな逆らいがない状態。いったん受け入れ、クリーニングしながら、次に現れる新しい流れに身をまかせている状態。無理矢理感情を押し込めるのではなく、クリーニングによって新しい流れに沿うことができる状態。それはわたしにとって創造性や平和が存在する大切な瞬間です。

年齢

わたしは個人セッションやボディーワークを行う際には、必ず事前に生年月日と年齢をクライアントに尋ねます。簡単に歳を教えてくれる人もいれば、「どうして？」とためらう方もいます。でもわたしはクリーニングのために聞きます。

たとえば、ある人が過去に人間、あるいは動物や木、建物であったのかはわからないけれど、何度生まれ変わっても五〇歳になると殺される、命を落とす、壊される、といった記憶があるとしたら、その人の表面意識が気づいていなくても、ウニヒピリは五〇歳に近づいていくのが心底怖いのです。また殺されたり、壊されたり、争いが起きるのではないかとビクビクしているかもしれません。恐怖を抱えたままのウニヒピリは、記憶を再生して、何度も何度も形を変えて表面意識にその体験を見せてくれるのですから、クリーニングをする必要があります。

しかし、わたし達が再度体験する前に、今の『年齢』をクリーニングすることで、事前に記憶を消去することもできます。ですから、わたしはいつもできるだけ関わる人の年齢や建物の年数をクリーニングするようにしています。

あとは、年齢というものに期待はつきものですよね。「何歳になったら、あれとあれが達成されていなきゃ」とか「何歳までに結婚する」とか「何歳までに年収いくら」とか。そういった期待はウニヒピリを傷つけ、『ほんとうの自分』から離れてしまうため、インスピレーションを受け取ることはできません。

子どもに対しても同じです。「この子は一〇歳になるのに、まだこんな計算もできない」「二〇歳を過ぎても、まだ家にいる」「三〇代も半ばなのに、まだ結婚相手も見つからない」など、親は子どもの年齢という軸を元にさまざまなことに恐れや不安を感じます。しかし、これらはすべて記憶の再生です。ウニヒピリの中では何が起きているのかわからないのですから、まずは自分、次に自分が関わる人やモノの年齢や年数をクリーニングすることによって、相手にとってそのとき完璧なことが整う状況をサポートすることができます。

どんなときも、まず第一に今の自分の年齢をクリーニングすることを忘れないでください。古くからの友人と会話を交わすとき、よく昔の話をしますね。「あのときは若かった」「あのときこうしていたら、今の人生はもっと良かったのに」とか。こういった体験もクリーニングすることができる素晴らしいチャンスです。**過去のことを思い出すことも、今この瞬間の体験なのです。**潜在意識の内側で留まってしまっていたその記憶を消去することで、今の自分にとって最大のことがインスピレーションとして与えられます。

『時』はこの瞬間体験していることですから、クリーニングを通して、この『時』とお付き合いできたら、わたしはわたしとしていつでもほんとうの自分でいられます。どんな世代の人とも、自分らしく関わることができます。

テレビを見ていて、たまに若い人達がわたしには理解できないような発言をして驚かされることがあります。そんなとき、ただ「時代は変わったのね」と言って終わりではなく、絶好のチャンスとしてクリーニングしていきます。

今この時代に生きているのだから、その最先端を生きている若者達が言うこと、することを、見たり聞いたりするチャンスがあれば、わたしは自分の中の記憶の再生として、ホ・オポノポノを通していったんは受け入れます。

今この瞬間、ウニヒピリがいつかの時代の体験を、形を変えて見せてくれているわけですから、わたしは、今この瞬間、クリーニングに集中します。昔の時代に固執するのではなく、今をクリーニングすることで記憶を消去し、インスピレーションから、今この瞬間の自分の生き方を決めていきたいのです。

わたし自身、今まで何度自分の年齢をクリーニングしたことでしょう。今朝も鏡を前にして、シワをまた一つ見つけ自分の年齢を思い出したとき、クリーニングをしました（笑）。

Q&A　ほんとうの自分が選ぶもの

Q．女性として自信を持って生きていくために、自分磨きをしたいと思っています。雑誌やテレビを見ていると、どうしたら魅力的に見えるかという方法をたくさん紹介していますが、自分にとって何が一番ふさわしい方法なのかがわかりません。

わたし達は、この体に魂を宿し、地球に生まれ、さまざまなことを体験していきます。新しいメイクアップ法や髪型、流行のファッションや話し方、さらには新しいお金の増やし方やパートナーの見つけ方なども、実践するしないにかかわらず、情報として知っている以上、すべて自分の体験です。

ホ・オポノポノでは、それらの体験、つまり出会う人、モノ、情報、流行などはすべて記憶の再生であるため、その体験をまずはクリーニングします。わたしは雑誌やテレビを見るときは、クリーニングしてから見たいのです。自分の中でやるべきことをやって、その後で「じゃあ、わたしにはこんな洋服がいいかしら」と買い物したいのです。

モノにもアイデンティティーがあります。ただ買われていく存在ではありません。同じ形をした商品でも、それぞれのモノによって出会うべきタイミングや方法がありましょう。その売り場にもう少しいたい子もいれば、あなたがくるのを待っていた子もいるでしょう。クリーニングしている状態であれば、たとえ無意識でもあなたは自然と神聖なる存在のもと、正しい行動をしています。それが『ほんとうの自分』です。ほんとうの自分を通して出会ったモノや情報は、それぞれが本来持っている完璧な状態としてあなたに適切なものを与えてくれます。

SITHホ・オポノポノとは『ほんとうの自分』に戻っていくことです。『ほんとうの自分』は宇宙の法則を知っていますから、自分にとって完璧なタイミングで最適なことを選ぶことができるため、自分磨きを頑張りすぎなくても自信を持って生きていくことができるはず。

結局のところ、自分にとって何がベストなのかわからないこと自体を何度もクリーニングしてから、もう一度雑誌を開いてみると、また違ったものが今度はインスピレーションとして目に入ってくるかもしれません。これが世間で良しとされているからといって、自分にふさわしいものかどうかはわかりません。景気も同じです。世の中が、不景気だからといって自分自身がその一部になる必要はありません。

例えば、怪我をしたり病気になったりしたとき、病院に行けば自動的に医者が自分を治してくれるのではありません。自分の記憶の中の何が、病院に行くべき状態を作っているのだろうということを、クリーニングしてから行けば、正しい病院や医者、お薬と出会うことができます。

いつでもどこでもクリーニングですよね。

これだけ長いことクリーニングをしていても、
まだまだいろいろあります。
例えばご近所のみなさんともね。

Aloha

でも、クリーニングのチャンスを
与えてくれていることを思い出せば、
笑顔であいさつくらいなら
いつでも自然とできるもの。

記憶は悪いものとして
扱われがちですが、
もともと自分の中にあったもの。
ここにきて、
もう一度わたしの人生に現れてきてくれたのは
すごいことです。

「クリーニングをするかしないか」
わたしに与えられている最高の選択肢です。

人間関係

「すべき」をクリーニング

男性は女性を養うべき。
女性は結婚して子どもを産むべき。
お金のない男性と結婚したら不幸になる。
周りのカップルのほうが幸せそう。
どうせモテるのは、美人な女性とお金持ちの男性だけ。
浮気する男性は最悪だ。

今、あなたの中に、何かしら前述のように思っていることがあれば、まずはそこからクリーニングすることができます。恋愛をする上で、わたし達は、恋愛観や幸せの定義を始め、多くの期待がありますよね。それらを一つ一つクリーニングしていきます。
なぜクリーニングをするかというと、わたし達は何をするときも、ゼロ、ピュアな状態でいたいからです。ゼロである状態とは記憶のない状態。クリーニングしないまま、自分がそれらの期待や価値観から恋人や自分を見たり解釈したりしている限り、永遠に問題は起き続けます。はっきり言うと、**あなたが持っている記憶を恋人はそのまま演じているだけなのです。**

恋人と何か問題を体験したとき、自分の中に多くの理屈や原因を見つけられるでしょう。「自分に魅力がないから」「相手の育った環境のせい」「もっと素敵な人と出会える場所に行かなくちゃ」「年齢のせい」などなど。その結果あなたがどんな結論を選んだとしても、出会う人や起こるシチュエーションを変えて、再度問題を体験することになります。

あまり現実的に聞こえないかもしれませんが、たとえば夫が働かない、浮気をする、借金ばかりつくる、という問題を引き起こしている原因は、もしかしたら何百年も昔にあなたが夫を奴隷として扱っていたことにあるのかもしれません。何が真の原因なのかがわからなくても、今出会っている人達は、過去に何かしら縁があった人達です。ホ・オポノポノでは『縁』とは良いものでも悪いものでもなく、クリーニングするものです。消化しなくてはならない何かがあって今この瞬間このような結びつきをしています。だからクリーニングします。自分と相手がゼロであるために、「愛」として関わるために、クリーニングします。

あなたがあなたの記憶を一つ一つクリーニングしていくことで、問題の原因である記憶が消去され、相手は問題を起こさなくなります。または、お互い、インスピレーションから新しいアクションを起こすことができるようになります。

お互いが「期待」という名の眼鏡をかけて相手を見ているから、本来の完璧な存在として現れることができないのです。「ほんとうのわたしを見てよ！」と相手の眼鏡を無理矢理外さなくても、あなたが眼鏡を外すことですべては変化していきます。あなたさえほんとうの自分でいることができたら、相手も自然とほんとうの姿でいられるようになります。期待、執着、恨みではなく、「愛」を通してお互いの姿を見ることができます。

気になっている人と食事に行ったときに、あなたが期待から相手を見たり、お話をしたりしたら、どんなふうになるでしょう。相手は「あぁ〜」って疲れてしまいますよね。同時に相手も同じ期待をあなたにすることになるでしょう。

結局、わたし達は記憶を共有しているのですから、自分の中で期待という記憶が再生された瞬間に、相手の中でも同じように記憶は再生されています。だから、期待らしいサインに自分が気づいた瞬間にクリーニングすることが大切です。誤解してほしくないのですが、**記憶は悪いものではありません。**記憶を再生している自分が悪いのでもない。ただ、記憶をクリーニングしてゼロになることができるということです。そして、そのために必要なものがわたし達には与えられています。

体験している問題をその場でクリーニングすると、その時間を大切に扱うことができますし、お互いが本来の姿で過ごすことができます。ほんとうの自分でいさせてくれる相手ってとっても素敵ですね。それが友人関係になるかもしれないし、もしかしたら大きな仕事につながるかもしれない。「この人はわたしの恋愛対象！」「この人は夫のくせに！」ってしてしまうと相手が見えなくなってしまいます。

恋愛関係、親子関係、友人関係、すべてに言えることですが、**人間関係の基本は『わたし』を構成する、三つのセルフの関係から始まります。**自分（ウハネ）がウニヒピリのケアをして、二つが互いに手を取り合って初めてアウマクア（超意識）と繋がり、そしてディヴィニティー（神聖なる存在）からインスピレーション、愛を受け取ることができます。

自分の中でそのこと（ホ・オポノポノ）に取り組めば大丈夫。自分の中の三つのセルフがほんとうに仲良くなれば、最高の人間関係が作れます。

あなたがそうすることで、恋人や家族、友達や仕事仲間の中でもクリーニングが始まり、街も、家も、道も、会社も、大地も全てがあなたの声を聞こうとします。彼らはあなたを愛し始めるでしょう。インスピレーションそのものである『ほんとうのあなた』を。

孤独について

恋愛や結婚、そして子育てに、多くの人は期待をします。傷ついて、休んで、また期待します。ホ・オポノポノを通して、わたしが学んだ「恋愛・結婚」そして「子育て」にとって大切なことは、自分自身がそのとき再生されている記憶に対し、一〇〇％責任をとること。それは自分がそのとき、どのように恋人や夫を体験しているか、子育てで何を体験しているか、夫という人間を通して何を感じているかを、誰かのせいではなく、自分の中でクリーニングし続けていくということです。クリーニングそのものに誠意を持ってかかわります。ただ期待をするだけでは、願いが実現することはありません。表面的に何か一つ叶ったとしても、あなたも、子どもも、恋人も、夫も、家も、必ずどこかで悲鳴をあげるでしょう。そこではほんとうの自分として生き延びることは不可能です。

さみしさや孤独は自分の外側にあるわけではありません。どんなに多くの人とかかわろうと、大家族に囲まれていようと、自分とウニヒピリが手を取り合わない限り、「さみしい」という記憶は再生され続けます。

しかし、クリーニングを続けていくことで、家庭の中やパートナーとの関係には光が当たります。それを誰が一番最初に実感するのかは重要ではありません。繰り返しになりますが、大切なのは、何か一つだけでなく、一瞬一瞬をクリーニングすること。

目の前に流れているものをその瞬間逃したら、あなたが再びそれと出会うことは、この人生でもう二度とないかもしれません。流れているものが何なのかは関係ないのです。「それが、大切な家族がかかっている病気の原因となっている記憶かもしれないし、関係ないかもしれない」と考えている間に、もうそれは遠くへ流れていってしまうでしょう。そうではなく、目の前に現れてくれたもの一つ一つをただクリーニングすることが大切なのです。

家庭はクリーニングの機会に溢れています。今まで溜《た》め込まれてきたものをあらゆる形で見せてくれます。

年齢を気にして結婚や出産に対して焦りを感じる女性が、近年とても増えています。本人にとっては、一言で言い表せない感情や、過去の体験、トラウマなどもあるでしょう。その結果、自分自身の最大の目標が、結婚や子育てとして現れているかもしれません。結婚や出産に「幸せ」を求めているのだとしたら、やはりここで一歩下がって、『ほんとうの自分』とは何かということを見つめ直します。そこで、ホ・オポノポノです。「幸せ」はどこかへ探しに行けば見つかるものではなく、「ほんとうの自分」に戻ったとき、すでに自分の中にある状態です。

まずは、幸せになるためどうしても欲しいと感じているモノやなりたい立場、得たい結果をクリーニングします。その間に、ウニヒピリはその原因となったことを見せてくれるはずです。最近結婚した友人への嫉妬、親から心配される重圧、メディアで流れる情報からの焦り、昨日乗った電車での一場面など、ウニヒピリはいろいろなことを見せてくれるでしょう。表面意識である自分にできることは、それに抗わず、分析したりせずに一つ一つクリーニングしていくことです。

そうすることで、もし、今強く子どもが欲しいと願っていて、それが人生のゴールだと思っていたとしても、そのような体験の根本の原因となっている記憶が、あなたの中から剝がされることによって、最大のクリーニングが行われます。その結果、あなたにとってふさわしいことが起きるのです。まずは実践してみることから始めましょう。

わたし達の生きる目的は、子どもを産むことでもないし、結婚することや良い社会的地位を得ることでもありません。自分がすでに歩みだしているこの人生の一つ一つをクリーニングし、その積み重ねによって、自分を神聖なる存在に委ねていくことです。逆に、社会の価値観の中で目隠しされたまま歩き続けたとしたら、いつかは同じ苦悩に再びぶちあたるでしょう。目隠しされた中で見ている願いや、希望もまた記憶の再生なのですから。

たとえば、会社で成功することが自分の人生の最大の目的であると信じ、そこに向かって人生という名の旅を続けていても、目的地にたどり着いたときには、まったく違った景色に見えているかもしれません。『目的』もまた、記憶の再生なのですから、いつか形を再び変えて、あなたは別の夢を探す旅を始めることになるかもしれません。

わたしたちは、自分で自分をまるで捕虜のように仕立てています。痩せたら幸せになれる、良い会社に就職できたら家族に認められる、結婚したら安心できる、こんなふうに、「～をすれば～を得ることができる」と、自分自身を不自由な檻の中に閉じ込めています。

しかし、わたしたちは本来完璧な存在として作られ、自分自身がゼロである限り、いつでもインスピレーションや平和、豊かさと共にあります。

クリーニングを続けていくと、インスピレーションによってこの人生を歩んでいくことができます。何かを手に入れることが人生のハイライトではありません。あなたの中にインスピレーションがあれば、ある朝のゴミ捨ての瞬間にこの世の最大の豊かさを体験することになるかもしれません。

記憶によってあなたの人生を縛るのではなく、クリーニングによってインスピレーションを受け入れられれば、柔らかさや順応性によって、変化を受け入れることができ、多くの美しいことを体験できるでしょう。すべては愛となってあなたの元に現れます。あなたそのものが愛であれば、すべてのものがあなたを受け入れます。人も自然もモノもすべて。神聖なる存在の元に、孤独は存在しないのです。

問題は誰に?

現在結婚生活を共にしているご主人がいるとします。ご主人と今世で出会うのは、実は今回が初めてではありません。それは、家族に限らず、友人や恋人、同僚も同じです。

もし今、自分自身が誰かとの関係で何か問題を抱え、感情的になっていたとしたら、過去にも同じような体験を何千回、何万回としていたはずです。この世に生まれる前に起きたさまざまな体験をそれぞれが消化しきれないまま、生まれてきました。その結果、形やシチュエーションを変えて、わたし達は今起きている問題として再度体験し直しているのです。

誰かのせいにしていても、これからもずっと続くのですから、ここで止まっていても意味がないのです。もしも問題の原因がすべて夫のせいなのであれば、首を絞めて終わり！（笑）。でも、ホ・オポノポノではそうではありません。夫との問題の中で自分自身が体験する感情、思考こそが、原因となる記憶をクリーニングするための鍵なのですから、どんなときもそこに目を向けることが必要です。

過去におけるお互いの関係では、もしかしたら自分が一方的に悪かったかもしれないし、もっと大昔では相手と親子の関係であったかもしれない。でも、過去に、お互いがどんな関係であるかを知る必要はありません。なぜなら、今またこうしてちゃんと出会っているのですから。もちろん人間ですから、人を憎んだり、好きになったりすることもありますが、どんなときもそのことを思い出します。そしてクリーニングします。

わたしには、過去に一体何があったからこの人とこんなふうになっているかということはわからないけれど、「ごめんなさい。許してください。愛しています。ありがとう」と、繰り返し繰り返し、心を込めても込めなくても、気持ちが落ち着くまでクリーニングします。次の日もその次の日も。そうすると不思議なことに、大抵のことが自然と落ち着いていきます。わっと驚くような関係になっていたり、自然と去っていったり。

どちらにしても、お互いが自由になります。

モーナはよくこうおっしゃいました。「いつも自分のそばにいる人こそ、一番クリーニングが必要な相手なのよ」って。つまり、家族や、恋人、親友のことです。**今あなたの周りにいる人すべて、あるものすべて、いる場所すべてがあなたに記憶を手放すチャンスを与えてくれています。**目をそらす前にクリーニングをしましょう。我慢して忘れたふりをする前にクリーニングをしましょう。なぜなら、その記憶を手放すチャンスは今世でラストチャンスかもしれないのです。もしお互いの関係に何の記憶も抱えていなければ、好きとか嫌いという、記憶の再生は起きませんからね。

Q&A　次のステップに進む

Q.　夫からの家庭内暴力に悩んでいます。夫や自分などいろいろとクリーニングを続けていますが、何も変わりません。

ホ・オポノポノでは、ただクリーニングすればあとは何もしなくても良いとは言っていません。家を出る必要があれば出ます。警察を呼ぶ必要があれば呼びます。クリーニングをして、あとはすべて神聖なる存在に任せるということと、何もしないということとは違うのです。

わたし達はクリーニングをしたら終わりではなく、体験していること一つ一つにクリーニングのプロセスを重ねながら生きていきます。精神的に、身体的にいつでも自分を一番大切にしてください。恐怖をクリーニングした結果、家を出ようと決意するとしたら、次に家を出てしまったら自分は生きていけないのではないか、という不安を体験するかもしれません。そのとき、その想いをクリーニングします。夫からの虐待を友人に相談しようと思ったとしたら、わたしだったら、相談する前にその友達の名前や年齢などをクリーニングします。自分が一瞬一瞬体験することをクリーニングしていく、それこそが、神聖なる存在に委ねた姿勢です。

わたしは車の運転をするときはシートベルトを締めますし、赤信号では止まります。あるとき、わたしはある人とのかかわりの中で警察を呼ぶことが必要だと感じたので、警察に通報しました。ただその始まりから終わりまでの過程の中で、わたしはただ一瞬一瞬クリーニングを続けました。今現在もそのことを思い出しているという体験をクリーニングしています。

家庭内暴力が起きるとき、家はとても傷ついています。もしかしたら、自分達がその家に住む前から、その家（土地）はそういった虐待を体験してきたのかもしれませんね。そういう場合、家は癒《いや》されないまま、その痛みや恐怖を再現したりします。

家はとても大切です。家をブルーソーラーウォーターを使って掃除したり、話しかけてあげたり、クリーニングをするのはとても大切です。その家と自分との間にあった記憶を消去するためにわたし達は今住んでいる家で生活をしています。

犬の病気で悩んでいたある人は、家のクリーニングを続けた結果、犬の病状がぱっと良くなったという体験をされました。どんな原因でその問題が現れているのか、表面意識ではわからないことですから、家に対して心からクリーニングすることはとても意味のあることです。

他にも、ニュースや映画で暴力的なシーンを見て、心がショック状態で泣いたり、感情的になったりしたことはありませんか。わたしは普段滅多にテレビを見ませんが、たまたま見ていたときにそういったシーンが目に映るということは、それも記憶の再生です。ああもう見たくないと言ってスイッチを切って終わりではなく、その体験をクリーニングすることができます。そこで起きた暴力という体験を自分の中にもともとあった記憶としてクリーニングすることで、将来、自分が受ける、または与える言葉や体の暴力を防ぐことができる場合があります。

ホ・オポノポノでは「自分以外」は存在しません。いつも自分の中に原因があります。それは記憶です。クリーニングをしてあとは相手が変わるのを待つのではなく、自分自身は進化し続けているわけですから、インスピレーションからどんどん次のステップに進んでいいのです。

今この瞬間、自分にとって敵もしくは味方となって現れている人がいたとしたら、当然悪いほうの敵は、自分に対し理不尽なことをしているかもしれません。しかしそれでも、原因というのはわたしの中にあるということを、ホ・オポノポノは教えてくれるのですよね。もしかしたら、この人生が始まる前には、自分が相手を迫害してきたかもしれない。原因はわからないけど、こうしてまた出会ってお互い手放すときが与えられたのです。"Peace begins with me."「平和はわたしから始まる」のです。

イハレアカラ・ヒューレン博士は、「汝《なんじ》の敵を愛せよ」と、イエス・キリストの言葉を引用していつもおっしゃいます。このときの敵とは、自分に暴力をふるう夫ではなく、そのような体験の原因となっている記憶を指しています。今までクリーニングされず、再生され続けてきた記憶がウニヒピリによってもう一度現れてきてくれて、手放すときがきたのです。クリーニングするかしないかはあなた次第です。

あなたを殴るその相手を無理矢理愛する必要はありません。相手が変わるのを待つ必要もありません。あなたは、まず一番に自分を大切にして、すべきことをしていいのです。その間、ずっとホ・オポノポノはあなたの元にあり、クリーニングすることができます。記憶を消去すること、それこそが敵を愛することだとモーナから教えられました。

お金

お金、体、スピリチュアリティー

モーナは深い優しさを持っていると同時に、とても厳しい方でした。当時、カフナであったモーナの元には、世界中からさまざまなタイプの人達が集まりました。霊的なことを職業にしていたり、瞑想《めいそう》の特訓をする人であったり、超能力者など、ほんとうにさまざまな人達です。一方で、当時のプロゴルフのチャンピオンやジャクリーン・ケネディ・オナシス、俳優のリチャード・チェンバレン、著名な実業家であるデル・ウェブなどもいらしていました。

どんな人が来ても、モーナがクリーニングを通して集中して見ていたのは、その人の表面意識と潜在意識のバランスです。ホ・オポノポノの基礎となるところですね。そして、もう一つは、『スピリチュアル（魂）、ファイナンシャル（経済）、フィジカル（体）』この三つのバランスです。

「お金が底をついても瞑想をしたい」「スピリチュアルに生きるためには世俗を一切捨

てるべき」「お金が一番大切なのだから、体は後回し」など、それぞれのクライアントが特にこのような強い意志を持っている場合は、注意深くクリーニングしていました。

わたし達はこの時代に、この体と、この魂を持って生まれてきました。ですから、まず第一に、この体と魂を安全に保つことが必要です。そして、これは生まれた瞬間からわたし達が始めている素晴らしい仕事の一つです。これを基本にして、この体を通して出会い、体験するものをクリーニングしていくことが生きる最大の目的となります。

スピリチュアルなことをするとき、わたし達の体はとても強く影響を受けます。ですので、支えるための体を保つためには、経済的なことが必要になります。経済的に困っているという苦しみをなくすためのスピリチュアルというのは間違い。スピリチュアリティーは決して現実逃避のための道具ではありません。

経済的に責任を持つこと
この体に責任を持つこと
自分の魂（スピリチュアル）に責任を持つこと。

これら三つはいつでも一緒です。この中のどれが欠けても何事もうまく働きません。スピリチュアルなことをするために、出てくる感情を押し込めたり、仕事や家族を犠牲にするというのは、現実に目をつぶってウニヒピリを無視するということ。つまり、ちぐはぐな行動をしているのです。

反対に、この三つのバランスがとれるようになると、自分の中のスピリチュアリティーがどんどん開かれていきます。「お金」「体」「スピリチュアリティー」この三つのバランスを持って、クリーニングした結果、インスピレーションからたとえば、僧侶や音楽家、または公務員になろうとしたら、もう自然と進んでいけますよね。周りにいる人がそれによって、悲しんだり、苦しんだりすることもないでしょう。一方で、三つのバランスがとれてクリーニングした結果、小さな会社を大企業に育てたり、昇進して社長になったり、経済的に安定したという人を数多く見てきました。

お金の問題でほんとうに困っているという体験をしている人に特に知ってほしいこと。それは、自分の中のスピリチュアルな部分も体も大切に扱われ、クリーニングを一瞬一瞬続けていくことで、わたし達は初めて、神聖なる存在が本来自分達に与えてくれているモノそのままを完璧な量で受け取れるということです。

スピリチュアルな気づきは、決して過去や未来を透視できるという特別なパワーではなく、本来自分に与えられている何かに気づかせてくれる力です。スピリチュアルな気づきを得ている人というのは、ウニヒピリと繋がっているため、結果、周りからの人望が厚くなったり、経済（社会）という一つのアイデンティティーと自分自身を調和の下に置くことができます。

『お金』はもともと魂を持った神聖な存在です。お金で困っているという体験をしている方の多くは、過去において、お金に対してトラウマになるような記憶を持っています。お金が原因で離婚したとか、お金が原因で親友とけんかをしたとか、大昔財産をすべて乗っ取られたとか、あるいは何百年前にはお金が原因で殺されていたかもしれません。過去に実際何が起きたかはわからないけれど、その記憶を手放すために、今この瞬間ウニヒピリは、お金の問題を通してわたし達に見せてくれたわけですよね。

「みじめ」「足りない」「お金持ちは悪者だ」「面倒」「お金持ちになりたい」「嫌われて

いるのは貧乏だから」「毎月の返済はほんとうに辛《つら》い」「銀行なんて大嫌い」「罪悪感」「満足感」「劣等感」……。

普段、お金にかかわるとき、あなたは一体どんな想いを持っていますか。日頃、お金を扱うときに一体どんな体験をしているか、一つ一つクリーニングしていくことで、自分とお金の関係がどんどん自由になっていくはずです。もともとの完璧な状態に戻っていくことができます。

欲しいものがあったとき、給料日や家賃の支払い日、毎日の買い物や銀行へ行ったとき、預金の残高を見たとき、お金持ちの友人と会話するとき、小さい頃の両親のお金にまつわる苦労を思い出したときなど、お金をクリーニングするチャンスはいつでも身近にたくさんあります。それだけ、ウニヒピリの中には記憶が長い間溜め込まれてきたということ。

「宇宙があなたに用意してくれていることを受け取るには、そのぶ厚い記憶を一つ一つあなたが責任を持ってお掃除していくことですね」

何十年も前、経済的にとても困っていたわたしに、モーナが与えてくれたメッセージです。今読み返すととてもシンプルですが、当時のわたしを根本から支え、変化に導いてくれた言葉でした。お金も信用も自信もない自分でも、今すぐできることがある、やれることがあると気づかせてくれたのですから。

欲しいもの

子育てを始めた頃、経済的にはまったく安定していませんでしたが、シングルマザーだったので、夫がいる家庭がどんなものかを知らなかったため、他と比較する苦しみはありませんでした。しかし、物質的に欲しいな、必要だなと思うことは当然あり、当時のわたしにとってそれは車でした。

子どもを連れて中古車屋さんに見にいきましたが、手に入れられる額ではないとあきらめを感じたときには、やはり悲しみが自分の中から姿を現しました。しかし、そのときすでにホ・オポノポノを学んでいたため、悲しみを体験しながらクリーニングを始めることができました。悲しみに溺れてしまうのではなく、悲しみの中を泳ぐことができたのです。

翌日もその次の日も、わたしは悲しみを体験し続けましたが、同時にクリーニングを行いました。無理矢理悲しみを乗り越えようとか、他のことを考えようとしたりせず、ただ4つの言葉を言ったり、子ども達が寝た後にゆっくりHAの呼吸（P85※）をしたりと、自分にとって楽な方法でクリーニングを続けました。この悲しみを消すためにクリーニングするのだという期待が出てきたら、今度はその体験をクリーニングしました。

いつの間にか、そのことが自分の中で見えなくなった頃、アメリカ本土に住む父から電話がかかってきました。

「車が欲しくないかい？」

父はこう言いました。

「欲しいです」とわたしは即答しました。

「じゃあ送るね」と言って、実際にハワイまで車を送ってくれたのです。祖母が新しく買った車だったのですが、古い車がやはり乗りやすいために、新しい車を売ろうかどうしようか迷っていたそうです。車は、ほとんど新車に近いトヨタ車でした。

子ども達のバギーや荷物を積み、子ども達を乗せて、いろいろなビーチへドライブに行くことができました。職場へも運転して行き、バスの時間を気にせずクライアントのお宅へ行くことができるようになったので、一日に行える個人セッションやボディーワークの件数を増やすことができました。クリーニングによって、車が与えられ、クリーニングによって、わたしの生活がより豊かなものになりました。

欲しい、欲しい、と思ってグウで握っている間は、それはただの記憶の再生なので、インスピレーションが届くことはありません。もし力ずくで手に入れられたとしても、魂として求めていたものではないため、満足し、手に入れたものの最大の目的を果たさせてあげることはできません。クリーニングによって、次第に握りこぶしが緩み始め、隙間ができたところから、インスピレーション、つまり最大に適したものが与えられるのです。これは、ホ・オポノポノを実践される方からも体験談として多くいただくことです。

うれしくて、モーナにこのことを話すと、

「クリーニングしたから、正しいときに正しい状態で（車が）現れてくれたのですよ」と教えてくれました。

「もし、あなたがクリーニングしないまま、車をもっと早く手に入れていたら、大きな問題が起きていたかもしれませんね」ともおっしゃいました。

いつもモーナは、いつが一番正しいタイミングで、何が正しいことなのかは、表面意識であるわたし達にはわからないとおっしゃっていました。

わたしは早速、乗車を始める前から、わたしの中にもともとあったその車との記憶をクリーニングしていきました。方法として、まずは、手に入れられたことのうれしさ、形や色に関して出てきた想い、車のブランド、車のナンバー、保険番号など、現れるものを一つ一つクリーニングしていきました。その過程の中で、車そのものの新しい名前も知ることができました。いつも、運転する前、運転中に思い出すとき、その名前に向かって話しかけながらクリーニングを続けたのです。

その車はわたしと一五年以上、共にいてくれました。運転があまり得意でないわたしでしたが、その車はわたしのベストカーとして、何の事故も問題もなく、車としての役割を果たしてくれました。その車が大好きで、手放すとき、それはもう悲しかったです。車はわたしに最後の最後までクリーニングのチャンスを与えてくれました。

※【ＨＡの呼吸】

「ＨＡ（神聖なるエネルギー）」を取り戻す、クリーニングのための呼吸法。

①背筋を伸ばして椅子に座る。
②七秒間かけて息を鼻から吸う。
③七秒間息を止める。
④七秒間かけて鼻から息を吐く。
⑤七秒間息を止める。
⑥②〜⑤を一ラウンドとして、これを七回繰り返す。

お金が欲しい……

「お金が欲しい」「儲《もう》けたい」「お金が足りない」——これらも、やはりわたし達が共有している記憶です。まず初めに、基本的なお金に対するクリーニング、わたしが今まで実践してきた方法を紹介させてください。

(次のことを紙にリストアップする)

収入源
勤め先(専業主婦であれば、夫の会社)
勤め先の住所
勤め先の代表者の氏名
会社と取引のある銀行名
自分の預金口座

各種税金
給料
給料日（経営者であれば、支払い日）
自分の役職
光熱費などの請求書
自分が現在お金に対して感じている想い
自分が関わる通貨（円、ドル、ユーロ　etc.）
自分で考えている自分のお金への扱い方（雑、浪費など）
家計簿（つけている場合）
（その他インスピレーションから思いつくこと何でも）

以上のことを紙にリストアップしてから、わたしは一つ一つ丁寧にクリーニングしていきます。それぞれの文字から出てくる想いや体験を、さらに紙に書き出してもいいでしょう。たとえば、毎月のお給料の数字を改めて書き出すことによって、初めてアルバイトしたお店の店長を思い出したとしたら、その店長の名前を書き出します。銀行名を書くことで昔のバブルの時代を思い出したら、それも書き出します。そのように、自分の中で落ち着きを見せるまで、ウニヒピリが体験させてくれるさまざまな記憶を自由にそのまま紙に書き出していきます。

大体書き出したと思えたら、今度は自分のお気に入りのクリーニングツールを使って、一つ一つクリーニングしていきます。どれを使うか、どのくらい時間をかけるかは自由です。

わたしがお金をクリーニングするときによく使うのは、消しゴムがついた鉛筆のツールです。イメージするのでも実際に使うのでもかまいません。書き出したそれぞれの項目にコツコツと消しゴムをあてていきます。わたしの場合は集中してやるというよりも、その紙を使って何日も何週間も思い出すたびにクリーニングし続けます。何かの支払いに行く前には、イメージの中でその紙を一度開いて、その上に「×（エックス）」を思い浮かべます。

そうやって続けていくうちに、ウニヒピリがいろいろな記憶を見せてくれていることに気づきます。お金を使いすぎているという自分の罪悪感であったり、お金が怖くて使えないという恐怖心であったり、あの人ばかり成功していてずるいという嫉妬心であったり。そのようにして、お金に対して自分が持っている感情をクリーニングすると、ウニヒピリは次から次に記憶を見せてくれます。わたし達が日頃無意識にそれだけ多くの記憶を持ったまま、お金を扱っているということを示してくれているのです。

とても大切なことなのでくり返しますが、お金はもともと魂を持った神聖な存在です。そういったものに自分が触れたり扱ったりするときに、わたしはお金を尊重し、尊敬を持ってかかわっているかどうか、見つめ直すきっかけにします。もともとゼロである神聖な存在に対し、わたしを含め多くの人々が記憶をそのままべたべたとこすりつけています。

たとえば、今の職場にたくさんの怒りを持っているとします。あなたが業務内容やクライアント、上司や部下に対して、怒りや不満を持ったまま会社からお給料を受け取れば、そのお金は、ある意味虐待を受けているのと同じです。また、歴史を通してお金にはたくさんの文化的価値がつけられてきました。何もクリーニングしないまま、過度の節約主義で、お金は不幸の始まりだなんて想いを持たれたお金は、深く傷ついています。お金も行きたい場所があるのに、それを何も考慮されず、無理矢理、感情的に奪われたり、雑に扱われるという体験を持ったお金がこの世にはとてもたくさんあります。

このように、クリーニングしないまま記憶を通してわたしがお金を扱うと、増やしたくとも、人のために使おうとも、お金本来が持つゼロの神聖なる力というのは損なわれてしまいます。記憶でドロドロになったお金を通してわたし達は、人やモノ、土地ともインスピレーションとして関わることはできません。ですから、わたしはお金という神聖な存在に対して、あくまでも誠実にクリーニングによってかかわろうとするのです。お金を支払うときも受け取るときも、自分がお金に対して持つ感情や、お金を通して体験される問題を丁寧にクリーニングするのです。

お金はもともと神聖な存在です。**あなたがクリーニングによってゼロの状態であれば、お金も完璧な量、そして正しい方向へ自然と進み、本来の働きを取り戻してくれるでしょう。**

今、あなたのお財布に入っているそのお金は、何万人、何億人という人の手を渡って、あなたの元に届いてくれたとても大切な存在です。見せてくれることがたくさんあるはずです。お金をほんとうの意味で大切に扱うためには、人間関係と同じく、まずは自分が記憶から自由になっていくことです。

仕事

オフィス

「わたし、ここが大嫌い！」

ある朝、オフィスに入るや否や、こんな声が聞こえてきました。驚きと共に、悲しみと不安を感じましたが、すぐにこの体験をクリーニングして、「オーケー、自分の中で一体どんな記憶が再生されているのかはわからないけど、聞かせてくれてありがとう。一緒にクリーニングしましょう」と自分のウニヒピリに言いました。

そうするうちに、自分の中で落ち着きを取り戻し、その日、仕事をこなしていく中で、手に取るもの、目に触れるものに対して自然と丁寧に接し、整理することができました。

仕事を終え、帰ろうとドアを閉めようとしたとき、デスク周辺がまるで砂漠のように水に飢え、干からびかけているのが見えました。その体験をクリーニングしたところ、ブルーソーラーウォーターを飲んでいるお部屋のインスピレーションがあったため、わたしは実際にガラスのコップにブルーソーラーウォーターを一杯に注いで、デスクの真ん中に置いてオフィスを出ました。

翌朝オフィスに入ると、

「ここが大好き！」

今度はこんなふうに聞こえました。わたしはとてもうれしく思い、いつも以上に爽やかに、まるでオアシスにいるような気持ちで仕事を始めることができました。

「昨日と一体何が違うの？」

とお部屋に聞くと、

「だって、ファイルもペンもバラバラになっていたでしょ。全員バラバラで落ち着いてなんていられなかったの。夜もパソコンはジーと小さな音を出し続けたままで、ゆっくりみんな休むことができなかったの」

このように返事をしてくれました。

このことを聞いて皆さんはわたしを笑うかしら。わたしはこの体験を思い出す度、いつも笑ってしまいます。なぜ今まで声が聞こえなかったのかしらって。お部屋にはお部屋の、パソコンにはパソコンの、ペンにはペンのアイデンティティーがあり、それぞれ思うことがあるのに、わたしは今までそれに気づかず、一人芝居をしていたようで、思わず吹き出してしまいます。

クリーニングをしていないと、わたし達はあまりにも多くのことを見失ってしまいます。散らかった中（過去の記憶に溢れた状態）で、この会社（お部屋やパソコン、ペン、スケジュールなど全部）は仕事なんてしたくはないのです。**会社で仕事を成功させたいのであれば、その会社にあるそれぞれのモノや意識を、本来の完璧な状態に整える必要があります。**なぜって、仕事を運んでくれるのは、会社にある電話やパソコンなのですから。たとえ、どんなに素晴らしい企画でも、それを映し出すプロジェクターやプリンターが記憶によって濁っていれば、本来のインスピレーションが表現されることはありません。

それなのに、わたしはやることをやっているからこれでいい、と思い込んでいたのですね。そうして自分の中でクリーニングをしていない間に、発せられていたさまざまな想い（記憶）は、届くべきところに届かず、枯渇しかけていたのです。

わたしは、会社を通して自分の仕事をさせてもらうのですから、本来その会社を尊重しなくてはいけません。お部屋の声が聞こえても聞こえなくても、わたし達ができるのはクリーニング、ただそれだけ。立場が経営者であろうが、社員であろうが、アルバイトであろうが同じです。ここで自分はどのようなサポートができますか？　どのように参加すればいいですか？　と会社やお店を通して、自分の中のウニヒピリに聞くことは今すぐできることです。

会社の協力とわたしの行動によって、会社のプロジェクトを本来の状態に整え、あるべき場所へ届けることで、インスピレーションがやってきます。子育てと会社ってよく似ていますね。

立場

わたしはハワイで不動産のお仕事もさせていただいています。わたしの体験では、建築現場にいるのはほとんどが男性です。打ち合わせのためわたしが現場に顔を出すと、大抵皆さんが、「旦那さんはいつ来るのですか？」とわたしの周りに『旦那さん』を探します。

わたしは、自分が女性だからいつもこんなふうになるのだと感じたため、まず自分が『女性であること』をクリーニングしました。次に、自分の年齢、住所、名前、わたしがこれから家を建てるということをクリーニングしました。その過程でふと表れたのは、わたしがたとえ女性でも、もっとたくましく強くいればよかったのだという後悔です。

すぐにその後悔に向けてクリーニングしていくと、小さな頃から、今までクリーニングしきれなかった、女性であることから引き起こされる、さまざまな記憶がわき上がってきました。丁寧に、丁寧に、わたし自身がたった今体験している『女性』をクリーニングしていきました。すると、なんの無理もこだわりもない状態から、「このゆるいしゃべり方で、ポニーテールにスニーカーを履いているのが今のわたしです」と足が地面の中に根をぐっと張ったような感覚を持ちました。

そこで相手が変わり始めました。**わたしの中にもともとあった「自分が女だから相手はわたしを信じないのだ」という記憶が、相手の中に不安を映し出していたのです。**このことは、自分が妻、母親、娘、夫、息子、後輩、上司などさまざまな立場を体験している人達にも共通して同じことが言えます。**自分が体験している立場からくるブロック（記憶）が相手を迷わせているだけなのです。**

クリーニングすることで、わたし達はゼロの状態でいられます。そうすると、相手が見るのは、わたしの中のゼロ、つまり『ほんとうの自分』の部分だけなのです。

本来、男性、女性それぞれに「父性」（アクティブでクリエイティブな部分）と「母性」（直感的で受け入れる部分）が共存しているのですが、その二つのバランスは失われがちです。バランスを取り戻すためにできることは、たとえば「女性」であれば、歴史的に後回しに扱われてきたという文化をクリーニングし、「男性」であれば、家族を養うのは男しかいないという考え方をクリーニングすることです。そのことがおかしいとか間違っているということではなく、ほんとうの自分という存在を取り戻すためにただクリーニングするのです。

男性、女性それぞれが、自分の中にある「父性」と「母性」のバランスに目をむけクリーニングすることで、まずは自分、次に周りの、そして世の中のバランスが整い始めます。

今では建築現場に行く前に事前にそれぞれをクリーニングしているので、もし「あんたの旦那はどこだい？」と聞かれても「どこにいるのかわたしも知りたいです！」って平気で答えられます（笑）。

Q&A　転職

Q．会社を辞めるべきか迷っています。今のままでは、経済的にも満足が得られないと感じています。自分の才能を生かした仕事に就き、経済的に安定した生活をしたいと思っています。

まずは、その仕事を辞めたいという、あなたの想い、感情、思考などの体験、そして、そう考えさせる情報など、思いつく限りクリーニングしていきます。

「報酬が少ない」
「商品が売れない」
「気の合う同僚がいない」
「どんなに頑張っても評価されない」
会社の名前
会社に勤めた年数
社長や上司の名前
会社の創立日
会社の住所
社員の名前（わかる限り）

ご自分が知っているクリーニングツールを使って、体験として現れる限り何度もクリーニングしていきます。クリーニングを続けていくと、さらに多くの別の悩みや不満もときには出てくるかもしれませんが、それもちゃんとクリーニングします。自転車をこぐように一回一回ペダルを踏んでいく。そうすると、ウニヒピリはちゃんとクリーニングすべき記憶を一つ一つ見せてくれるので、あなたはどんどんそれに対してクリーニングをし、自由になっていくことができます。そうすると、会社を辞めていくような動きを自ら自然と始めるかもしれません。しかも何のストレスも痛みもなく。または、クリーニングしているうちに、突然の昇進があるかもしれないし、別会社から突然オファーを受けるかもしれません。

クリーニングをするというのは、そこにあった滞りや隔たり（記憶）をお掃除することです。記憶が消えると、そこにあるのは、あなたにとってベストな場所や人間関係です。本来の完璧なゼロの状態であるあなたから発せられた言葉やメール、企画書やアイディア、社員へ配るお茶など、すべてはインスピレーションとして相手に届きます。その結果、会社そのものにも光が当たり始めるでしょう。クリーニングすることで、あなたはインスピレーションから見て、聞いて、行動するため、自然とそうなります。逆にクリーニングをしないまま、「これが正しい！」「これは自分らしくないからこっちよ！」と無理矢理行動に移すと、トラブルに巻き込まれる可能性があります。そんな体験はありませんか？　すごく人から憎まれたり……。

現在勤めている会社は、ほんとうはあなたにさらに多くの利益を与えたいのかもしれません。しかし、あなたの疲れや自信のなさ、家庭問題など、あなた自身が記憶によってふさがれている限り、会社はあなたが働きすぎなのだと遠慮して、次のステップを止めてしまっているのかもしれません。

宇宙は絶妙なバランスで流れているため、あなたが、思い込みや意志、リサーチまみれの他人からの助言だけで行動を起こすと、あなたというもともとのピュアで完璧な存在は、とたんに光を遮られてしまいます。一見スムーズに進んでいるように見えても、必ず同じ記憶が再生されるでしょう。そうなったとき、もう何を信じていいのか、そもそも自分が一体誰なのかさえ見失ってしまいます。

何か考えやアイディアがわいたとき、人に相談するとき、いつだってクリーニングさえしていれば、どんなビッグウェーブでも、さざ波でも、そのとき自分が乗るべき波に自然と乗れるようになります。

ウニヒピリの声が聞こえない人はいません。
自分が今体験しているその感情こそがウニヒピリの声。
ほら、今もウニヒピリの声が聞こえているでしょ？

価値観に良い、悪いはありません。
あなたが作り出したものでも、
他人から植え付けられたものでもない。
あなたの中に
もともとあった記憶として
価値観をクリーニングすることで、
自由とインスピレーションを
手に入れることができます。

自然

ライチの木

わたしが住むオアフ島の土地では、多種多様な野生の木々が共存しています。わたしの家の庭から車道へ続く道にも、大きな古いバニアンツリーという種類の木が生えています。大きく茂ったそのツタは脆《もろ》く、だいぶ枯れかけていたため、植物に詳しい友人にツタを切ったほうがいいと勧められました。それについて、何日もかけてクリーニングしました。その木はわたしよりも長くこの土地にいるわけですから、クリーニングにはもちろん時間はかかります。そして数ヵ月してから、わたしはその友人にツタを切ってもらうようお願いしました。バニアンツリーのツタはなくなりましたが、木自体は生命に満ち溢れていました。

ある朝、歩道に落ちた葉っぱをほうきで森のほうへ掃きながら歩いていると、突然身動きがとれなくなりました。わたしの髪の毛や着ているセーターやズボンなどが木の枝に絡まってしまったのです。

「一体わたし何をしているのかしら。一体何が起きているのかしら」と聞いてクリーニングしてから、ふと目を上に向けると、バニアンツリーの切られたツタの部分が見えたのです。そのとき、わたしに絡まっていたのは、ライチの木でした。ライチの木は、バニアンツリーのツタが切られるまでの過程を、目の前で初めから終わりまでずっと見ていたことを初めて知りました。ライチの木は、自分もそのように切られてしまうのではないか？　と、とても恐れていたのだと思います。そのことをわたしに知らせるために、このような体験をわたしに与えてくれました。

わたしは、ツタを切ったバニアンツリーにはクリーニングをしていたけれど、その周りにいる生き物達への配慮がありませんでした。さらに、切ってくれた友人に対してもクリーニングすることを忘れていたため、バニアンツリーのツタを切っている間もしかしたら、彼は心の中で「このライチも切ったほうがいいなぁ」と思っていたかもしれません。

もちろん、これらはすべてわたしの勝手な想像ですが、わたしがこんなふうに今、体験していること自体この瞬間クリーニングしています。何が実際に起きていたかはわからないけれど、わたしは、ライチの木も、その周りの生き物達も、すべて見て聞いているということを感じています。だからこそ、わたしはその中で生かしてもらうのですから、できる限りクリーニングすることが大前提として必要なのです。

このことは、自然という生き物だけでなく、モノにも同じことが言えます。家や会社、道や乗り物、椅子やペンなど、いつでもあらゆるアイデンティティー達が、いろいろなことを聞いて、見て、体験しています。わたし達は、ホ・オポノポノを使ってクリーニングしながらそれらの存在と関わることで、お互いの記憶を痛みなく手放すことができます。

「ごめんなさい。何も気づかなくて。あなたは大丈夫よ。切らないわよ。怖い想いをさせてしまってほんとうにごめんなさい」とそのときわたしは言ってから、落ち着いて、髪や洋服に絡まった枝を優しくほどいていきました。

クリーニングしたからといって、植物達の声がいつでも聞こえるわけではありません。しかしクリーニングすることによって、見逃しがちな些細《ささい》な想いまでもがホ・オポノポノのプロセスに含まれることで、それぞれの存在が尊重され、アイデンティティーを取り戻します。それってとても価値のあることだと思いませんか。

庭の芝生

家の敷地のゲートから玄関まで、広々と芝生が広がっています。今まで特に肥料はあげたことはないけれど、いつも青々と美しく生えています。ハワイの気候がそうさせているのかもしれませんが、わたし自身も、芝刈りをするときは必ず芝生に話しかけるようにしています。

「いつ頃芝刈りをしてほしいかしら？」

答えが聞こえるときもあれば、聞こえないときもありますが、それでもできるだけ会話をし、芝刈りをするときには必ず、芝自身に『アイスブルー』のクリーニングツールを使います。

「『アイスブルー』と言ってクリーニングするから、痛みは手放すことができるのよ」

こんなふうに、芝、そして自分自身に語りかけることで、クリーニングが始まります。相手を魂を持った完璧な存在として扱うことで、自分の頭では理解できないその土地や植物との数多くの記憶をクリーニングすることができます。

　自分勝手に扱うことはしたくないのです。まるで自分の爪に好きな色のマニキュアを塗るように植物を扱いたくはないのです。クリーニングして、尊重して、調和をとりたいのです。

　いつもクリーニングしながら話しかけるようにすると、たまに予想外のタイミングで返事がくる場合があります。ある休日に映画を見に出かけようと、家のゲートを閉めていると、「今すぐに芝刈りをして」と声が聞こえてきました。

「間違いない？　今するの？」と聞き返すと、「今！」と芝のほうから返事が聞こえてきました。聞こえないふりをしようとしましたが、クリーニングしたら、やはり『今』は『今』しかないのだということに気づき、わたしはただ言われたように、「アイスブルー」と言いながら芝刈りを丁寧に行ったのです。

　結局、芝刈りを終えてわずか二時間後には大雨になり、それから二週間降り続きました。もしもわたしがあのとき芝刈りをしなければ、二週間の間に芝はボーボーに伸び育ち、毎日駐車場にたどりつくまでに足下はびしょぬれになっていたでしょう。クリーニングをすることで、こんなふうにわかりやすくプレゼントのような形となって目の前に現れてくれる場合もあります。ほんとうにありがたいです。

このように、日々の生活の中で植物や建物、モノなどに関わっていくと、あっという間に一日が終わってしまいます。独り住まいにしては大きな家に住んでいる、とよく人から言われますが、寂しさや孤独を感じる暇さえありません。クリーニングを通して耳を傾けていると、いろいろなところからクリーニングしようと声がかかります。わたしはそれに素直に応えることで、自分のアイデンティティー、尊厳を取り戻せるのです。

パパイヤの木

少し昔の話ですが、家のガレージの脇に大きなパパイヤの木が生えており、パパイヤの実がなる頃には、そこを通るたびにわたしの頭や肩にボーンと落ちてきました。前触れがないものですから、驚くし、痛いし、夜中に実が地面に落ちると、その音でびっくりした犬達が吠《ほ》え、どうしたものかと考えていました。少し切ろうかなと思ってクリーニングをするのですが、その先に進まない感じがあったので、パパイヤの木に「アイスブルー」と言って触れながらクリーニングを続けていました。

ある嵐の夜、外は真っ暗で何も見えませんでしたが、家のそばではものすごく激しい音がしていました。翌朝庭に出てみると、一本の大木がわたしの家に向かって倒れかけていました。家に激突しないように守ってくれていたのは、あの実をしょっちゅうわたしにぶつけるパパイヤの木でした。パパイヤの木ものすごい衝撃を受けて倒れかけていましたが、それを支えていたのが、普段あまり目にとまらなかった、手前に生えているアボカドの木でした。木達がお互いを支え合って、わたしの家を守ってくれていたのです。

日々、いろいろなことが重なり、わたしが気づかなくても、数えきれないほど多くのことが起きていることに改めて気づかされました。わたしはこの宇宙のほんの一部で、役割はやはりクリーニングすることだということも。わたしがクリーニングを見逃して勝手に動いてしまえば、大切なモノを失う可能性があるということも。

わたしは、こうしてクリーニングをしながら生き、同時に数多くのモノから守られています。いつも家の庭を歩けば、この木もあの木も守ってくれていることに気づき、「アイラブユー」と聞こえてきます。わたしは毎朝「アイスブルー」と言いながら、彼らに触れて散歩することで、奇跡のような美しい景色や体験を与えられています。クリーニングする機会を与えられながら、愛を体験することができます。

土地と家

家との出会い

わたしの家は、とても入り組んだ山の中にあるため、みんなから「ジャングルの家」と呼ばれています。その家が立つ土地は、わたしが生まれて初めて購入した土地でした。

この土地が欲しいと思ったところから、購入するまでの過程で、ホ・オポノポノのプロセスを実践する最初のステップとして、自分はどうしてこの土地を買いたいのかをクリーニングしていきました。

自然が好きだから
孫も子どもも広々と遊べる、くつろぐスペースが欲しいから
チャレンジしてみたいから

こんなふうにいくつか自分の動機のようなものが現れました。それぞれを一つ一つク

リーニングしていくと、自分が母親業で果たせなかったことへの後悔、不動産の勉強を始めたときに周囲からとても反対されたことなど、忘れていたいくつかのことや、今まで気づかなかった自分の感情と出会うことになりました。そこで、ウニヒピリに、「この土地を通して、こうして、いろんな記憶を見せてくれてほんとうにありがとう。一緒にクリーニングしてくれるかしら」と話しかけながら、クリーニングを続けていきました。

その土地には、同時に有名な財団からも購入のオファーがあり、わたしの購入希望価格よりも高く設定されていました。そして、もともとその土地では古くから農業が営まれ、何かが原因でそれをやめなくてはいけなくなったことを知りました。そのようなクリーニングをする過程で知ることになった、さまざまな情報や体験もさらにクリーニングの中に含めていきました。

ほぼ毎日その土地へ通い、「12のステップ」という、クラスで使うホ・オポノポノのマニュアルを土地に見せ、「もし良かったら、ホ・オポノポノのクリーニングプロセスを使いますが良いですか?」と話しかけたりもしました。

そんなふうにしてこの場所を通してウニヒピリがわたしに見せてくれること一つ一つを分析せず、ただクリーニングを続けることで、その土地も、わたしも自由になっていくことができました。わたしの中のその土地に対するこだわりや執着が自然と消えていくことで、記憶の消去を実感できたのです。

わたしたちが何かをするとき、その動機は二つしかありません。「記憶」または「インスピレーション」です。期待、興奮、疲労など、何かしら体験するものがあれば、それは「記憶」から動いているとき。

反対に、終わってから「あ！　いつのまに!?」というようなときは、インスピレーションから動いているときです。「記憶」から動いたとしても、このタイミングで記憶を手放せることに感謝し、ただクリーニングすれば良いのです。

ある日の電話で、土地の持ち主は、わたしが希望しているそのままの金額で土地を売りたいと連絡してきました。とてもうれしかったのと同時に、この土地とはまだまだクリーニングすることがたくさんあることに気づかされました。

家と会話する

家を建てたり、部屋のインテリアを決めたりしていく過程で、わたしはまず家と会話をします。『家と会話』というとなんだか難しく思われるかもしれませんが、つまり、どんなことであれ、その家を通じて思い出されたことや感情、考えなどをクリーニングするということです。

たとえば、「キレイでおしゃれな空間にしたい」とか、「これからモノを揃《そろ》えるのは面倒だし、お金がかかるな」など、現れる体験を自分の中にもともとあった記憶の再生としてクリーニングすることができます。そのようにして自分の中から整えていくと、自分と家との間に調和が生まれ、今度は家が自ら動き始めてくれます。わたしはそのお手伝いをするだけ。ペンキの色も家が教えてくれますし、木材も選んでくれます。わたしはクリーニングを通してインスピレーションを受け取るだけです。何度も何度もクリーニングしながら、わたしが動いた結果、その家自体が求めていた形となって現実になるのを見ると、とても幸せになります。

たとえば、インテリア雑誌を読み、それをそっくりそのまま自分の家に当てはめるのではなく、クリーニングしてから（わたしの中の何がインテリア雑誌を読ませるのだろうと内省して）読みます。その結果、その雑誌と自分との間にあった記憶が剝《は》がれ落ちることで、インスピレーションとして雑誌のアイディアを家作りに取り入れることができます。ただの欲望や記憶の再生では、これを買えばおしゃれになる、これを使えば高級感が出る、と言っているうちに、すべてがごちゃごちゃでモノだけが増え、居心地の良い空間にはなりません。

その家と住人とのクリーニングの場所としてお家は存在しています。誰かの家をそのまま同じように真似て作ってみても、それは、ハッピーですか？　と思わず聞いてしまいます。モノも家もちゃんと、クリーニングしてから選び、それから先もクリーニングを続けていけるようにしたいのです。

そのようなペースで内装しているものですから、わたしの家の天井は未だに塗装されないまま木材がむき出しの状態です。それでも、お客様はとても開放感があるとほめてくださいます。わたし自身も、天井を見る度に、家が与えてくれるクリーニングのチャンスを思い出すことができます。クリーニングのやり方を学べば、引っ越したり、何かを買い足したりしなくても、今ある場所とモノで、シャングリラになる可能性がありま す。

どこかへ引っ越す場合も、クリーニングすべきことは数多くあります。引っ越したいという想いや、引っ越さなくてはいけない動機はもともと自分の中にあった記憶が原因なのだから、まずは、一〇〇%自分の責任としてクリーニングすることができます。**一〇〇%自分の責任という立場はホ・オポノポノのプロセスにおいて重要なポイントです。**それは、騒音が原因で引っ越したいと思った場合、騒音そのものが自分の原因という意味ではなく、今この瞬間体験していることのほんとうの原因は地球が誕生して以来の自分の記憶によるものとして、クリーニングすることができるということです。

引っ越しをする場合は、必ず、新しい家と古い家の二つをクリーニングしていきます。今まで住んでいた家をクリーニングしないと、新しい家でも形を変えて同じ記憶が再生されます。多くの場合、古い家は住人であった人に片思いをしているような状態で置いてきぼりを感じます。とても切なく悲しい体験をその家が持ったまま、住人が出ていってしまった場合、記憶の中で双方が執着となって引きずられているため、引っ越したことにはなりません。

あなたが住むその家はもともと完璧な存在です。家の問題が原因で引っ越しを考えているのであれば、まずは、家が完璧であると見させないあなたの中にある記憶をクリーニングします。そうすると、家は自由になり、その家にとって完璧な状態が整い始め、新しく完璧な住人と出会うことができます。

同じように、古い家とのあらゆる記憶を消去した上で、新しく住む家を探せば、あなたにとって完璧な家と出会えるはずです。

インスピレーション

建てたばかりの家に友人を招待したある日、二人で自宅を庭から眺めていました。

「あなたがこの家を建てただなんて信じられない」

友人はこのように言いました。

「でもそれは事実よ。神聖なる存在とともにこの家を建てたのよ」

無意識のうちに、わたしはこのように答えていました。

その瞬間、雷がドーンと鳴って、スコールが勢い良く降り注ぎました。そのときに、「ああ、これがわたしの生き方なんだ」と自分のアイデンティティーに触れるような体験をしました。宇宙の中にわたしがいて、その中でちゃんと生きて、自然に動いていることを感じることができたすごい体験でした。インスピレーションで動くとはどんなものかを表面意識の部分でもほんの少し触れることができたのですから。

画家はインスピレーションで動き、誰もが想像できない絵画を生み出したりしますよね。それと同じで、会社の経営者であれば、クリーニングによって、会社の声を聞くことで素晴らしい経営ができます。保険を売るのが仕事であれば、クリーニングによって、信じられないような営業が行われます。それが、ＳＩＴＨホ・オポノポノ。今ある仕事や立場を通して、インスピレーションからほんとうの自分を一〇〇％表していくことなのです。

今でも、自分の家を歩きながら、

「あら！　この家はこんなふうに作られていたの！」

と驚くことが多いです。インスピレーションによって、作り出されたこの家は、今でもわたしに驚きと平和を与えてくれます。

クリーニングの場所

家やモノ、道でさえ、あなたの話を興味深く聞いています。物件を見学する際に、第一印象で「この壁紙嫌だわ」という体験があなたの中にあったとしたら、話を聞いていたその家は、とても恥ずかしいですし傷つきますよね。自分だって、家族に「あなたはほんとうに醜いわね」と言われたくないでしょう。それと同じです。ちゃんと愛や労《いたわ》りがあるから、家は家として初めて開けていくものです。逆に傷ついている家が存在として提供できるものは……想像できると思います。

しかし、何を感じ、どう思うかは自由です。あなたという存在が実際に思っていることではなく、ウニヒピリが記憶を見せてくれているだけですから、ここでもただクリーニングすればいいのです。あなたが一〇〇％その想いをクリーニングしない限り、その家は傷ついたまま、そして、あなたのウニヒピリも記憶を手放せないまま苦しい想いをするでしょう。

個人セッションをするとき、多くのクライアントに、家とその方との間にある問題が見えます。家だけでなく会社や学校もそうです。それだけ土地のクリーニングは大切なのだから、丁寧に時間をかける覚悟で行えたらよいですね。

ホ・オポノポノを知らなくても、日頃から自然と土地や家に話しかけたり、コミュニケーションをとっていらっしゃる方もいます。そういった場合、家や土地は、過去のしがらみに縛り付けられることなく、とても自由に住んでいる人々と関わることができます。

ホ・オポノポノを使ってできる土地とのクリーニングの方法は、たくさんあります。先程の「12のステップ」を土地に対して読んだり、自分が家やその土地に感じている一つ一つの想いをクリーニングすることを心がけたり、ブルーソーラーウォーターを使ってお掃除をしたりなど、ご自身のインスピレーションに従って自由にやることがベストです。

夫婦が家の中で口喧嘩をしたり、子どもが学校でいじめられ、とても孤独な一晩を部屋で過ごしたとします。そういうとき、翌日になってそれぞれがけろっと忘れていたとしても、家に対しその傷、恨み、苦しみをクリーニングしない限り、ずっと問題を抱え続けているということを知っていますか。もしかしたら、自分達の前に暮らしていた人がそこで虐待を受けて苦しんでいたかもしれません。その前に住んでいた人は大切な誰かを失っていたかもしれません。何百年も前にはそこで戦争が行われていたかもしれません。わたし達には実際に何が起きていたかはわからないけれど、それらの悲惨な体験を抱えたままの家を、わたし達は自分の中の記憶の再生としてクリーニングすることで解放してあげることができます。

同時に、土地や家は、わたし達自身の中に溜め込まれた数多くの記憶をクリーニングする機会を与えてくれる、とても大切な存在です。今まで自分を守り、保護してくれた家や土地の痛みを解放することができるのは、自分自身なのです。わたしがクリーニングをするために不動産業をしているのと同じように、皆さんもクリーニングをするために、今の家に住み、会社や学校に通っています。家であれば、図面、保険証、税金、電気やガスの会社、建設会社、水量測定、ローン会社など。会社や学校であれば、住所や設立年月日、代表者の名前など、自分の前に現れるもの一つ一つをクリーニングすることがわたし達の役目です。

土地の記憶

昔から、ヒューレン博士とわたしは、大体一日に一回は電話やメールでそのときの自分の状況を報告し合っています。今は、スカイプがあるからどこにいてもとても便利ですね。話の内容は、自分達が今どんなことを抱えていて、クリーニングが十分にできているかを確かめ合うことなのですが、博士はいつだってほんとうに真面目です。

わたしはしょっちゅう、博士に厳しく注意されます。昔はモーナ、今は博士といった具合に、わたしは幸運にもいつも自分がクリーニングを十分に行えているかを気づかせてもらえる環境にいます。

あるとき、家族旅行で、飛行機に乗って南米に行く予定があることを博士に伝えました。どこかへ移動する場合は、利用する航空会社（交通機関）や便名、時間、出発地、到着地の名前をクリーニングしていきます。これはとても大切なことなのですが、そのときの博士はいつも以上に注意深くクリーニングしていました。何度もその土地と飛行機のクリーニングをするようにわたしにおっしゃいました。

わたしも一通りクリーニングしていたつもりなのですが、もう一度見直そうと、なんとなくインターネットで調べているうちに、何年か前に到着地である飛行場で、わたしが利用する航空会社が墜落事故を起こしている記事を見つけました。その体験や、そこでもった自分の感情をクリーニングしているうちに、土地は深く傷つき、恐れ、飛行機は自信を失い、悲しみを持っていることが見えました。わたしの中のどの記憶がそのようにさせているのかはわからないけれど、「体験させてくれてありがとう。もう一度この人生でクリーニングするチャンスを与えてくれてほんとうにありがとう」とクリーニングを続けました。

そのように、何か形をもって土地が記憶を見せてくれる場合もあります。しかし、ほとんどの場合、自分が関わるそれぞれの土地が、どんな記憶を持って今この瞬間わたしとかかわっているのかはわからないことです。だからこそ、いつでも最後のチャンスとしてクリーニングする必要があります。

普段利用する道が朝の通勤ラッシュで混んでいる場合、別の道を使うことがあります。表面意識としては今まで通ったことのないこの道を単なる抜け道として利用するだけだとしても、この瞬間クリーニングするために出会った道としてかかわることが大切です。電車に乗るときも、ボーッとしていたため、たまたま反対方向に乗ってしまったのではなく、クリーニングするために、ウニヒピリはそのような体験を通して、完璧なタイミングで自分に見せてくれているのです。人も同じで、たまたま同じエレベーターに乗った人、レストランで隣の席に座った人などの存在は、この一生でクリーニングできる最後のチャンスかもしれません。モーナは一瞬一瞬をそのようにとても貴重なクリーニングのチャンスとして捉えていました。そのためか、モーナの人やモノ、土地との関わり方はそばで見ていてとても美しかったことを今でも覚えています。

わたし達家族は、行きも帰りも無事に旅を終えることができました。旅の間ももちろんクリーニングを続けていたのですが、改めて、一瞬一瞬をホ・オポノポノとして生きるとはどんなことなのかを顧《かえり》みることができました。

日々ありきたりな毎日で退屈だという方が個人セッションの中にいらっしゃいますが、そのように感じる原因の一つは、長い間ウニヒピリとコミュニケーションをとっていないため、ほんとうの自分を見失っていることです。日々の生活で、わたし達の表面意識が選択して、風景を見たり、道を歩いたり、誰かと会っているのだと思っていませんか。ホ・オポノポノという観点では、すべて見せてくれているのは、ウニヒピリです。今まで溜《た》めこまれてきた記憶をあなたに消去してもらうために見せているのです。一瞬一瞬をクリーニングのチャンスとして受け入れながら生きていくことを選択すると、出会う人、モノ、土地、考えは一つ一つが、自分にとってとてつもなく貴重な存在として現れてくるでしょう。

あなたにとっての日常はまるで冒険のような色鮮やかさを持って変化していくはずです。ほんとうの自分を通してこの宇宙とかかわることができれば、あなたがいる場所には、いつでも美しい種がたくさん埋まっているはずです。

体

体に優しいあり方

多くの方が、「痩せすぎ」「太りすぎ」「髪の毛が足りない」「こうなってほしい」などいろいろなことで悩んでいます。しかし、これらもすべて自分の体験ですよね。わたし達はもともと完璧な存在です。それ以外で何か感じるもの、体験するものがあるとしたら、それはすべて記憶の再生です。

太っていることを気にする人は、「いくらダイエットしても痩せない体質」とか、「食べすぎが原因だ」とか、「遺伝のせいだ」など理由がどんどん出てきます。

でも、それは事実ですか？

「これが事実」ということは、実は何もなくて、わたし達はウニヒピリが体を通して表現している記憶を体験しているのにすぎません。

ここでは、他にもたくさんの記憶が再生しています。「みっともない」「痩せないと恋人ができない」「恥ずかしい」「こんなものを食べたらいけない」「これを食べたらいい」……と、どんどん出てくるはずです。まずは、思い込み、知識、体の状態など、出てくることを一つ一つ丁寧にクリーニングしていくことです。それが、自分に対して、ウニヒピリに対して、体に対して、最も優しいあり方です。

体はウニヒピリに忠実です。「ポテトチップスは体に悪いから少しだけ食べよう」と思ったときに、そこをクリーニングしないと、そのたった一口でさえ、『体に悪いという記憶』を食べていることと同じです。あなたがその想いを手放したら、もともとの完璧な状態として食べ物も自分自身も現れ始めます。

体の具合が悪いとき、いろいろと意味をつけてしまいがちですね。「偏頭痛があるから、今日一日が台無しだ」とか、「風邪をひいたのは昨日遊びすぎたせいだ」とか。こんなとき、ホ・オポノポノでは、そのときの体調に対して、自分が持っている想いや意味づけをクリーニングします。

『体の具合が悪い』……このことを通して、自分は今この瞬間、何を想い体験しているかをクリーニングすることで、本来の自分の存在そのままを実感として取り戻すことができます。「わかっている」「今何が起きているのか知っている」と感じたら、ぜひクリーニングしてみてください。自分が持っている知識や価値観を特にクリーニングしてみると、ウニヒピリ自身がホ・オポノポノのプロセスにストレスなく参加してくれるようになるでしょう。自分の容姿について、何か想いや意見（わたしは痩せすぎだと人から言われたことがあります）を持ったときは、まずウニヒピリに「このひょろっとした体を体験させてくれてありがとう」などと言ってその体験を感じながらクリーニングを続けます。

ウニヒピリがわたしの体を表しているのですから、わたしにできることは、ウニヒピリのケアとクリーニングだけなのです。

家族が病気で苦しんでいるとき

ハワイで行われたホ・オポノポノのクラスでのこと。わたしが準備をしていると、一人の年配の女性がわたしの前に現れました。どうしたのかと尋ねると、

「幼い孫は耳に病気があり、それを治すためにここに来ました」

このように女性は答えました。

わたしはまず自分のこの体験を、そして次に、その女性の名前や年齢をクリーニングしました。わたしの中にあるその女性との記憶を自分の責任としてクリーニングすることで、まずはわたし自身、そして彼女がゼロになり、二日間のクラスで受け入れるべきことを受け入れられるというインスピレーションを得ました。一日目の終わり、彼女はわたしにこう言いました。

「孫の病気を知ってからというもの、毎日、どんなときもそのことが気がかりでした。今日クラスを受けている間、わたしは一度も病気のことはもちろん孫のことさえ思い出しませんでした。驚きました」

二日目のクラスが終了し、その女性はわたしのところへ再び来てこう言いました。

「不思議なことに、なぜだか孫を心配に思う気持ちが消えています。かわいそうだとももう思いません。これから『12のステップ』をやりながら、孫が手術を受ける病院、医者の名前、日時、孫の名前や生年月日をクリーニングし続けてみようと思います」

わたしは、お孫さんが寝ている夜の時間帯に、お孫さんがそばにいてもいなくても、心の中で「愛しています（4つの言葉を総括するクリーニングツールです）」と言うことを提案しました。「愛しています」だけで、「治りますように」とか他のことは一切言わないのです。

「そのようにやってみます。二日間ありがとうございました」そう言って彼女は帰りました。

わたしもわたしの中で、彼女のことをクリーニングし続けました。すると、何週間か経ってから、彼女からメールでこのような報告を受けました。

「それまで検診だけでも大泣きしていた孫は、手術当日は一切泣かずとても穏やかに手術室に入っていきました。待合室で待っていると一時間もしないうちに、孫は戻って来たのです。執刀医に事情を聞くと、驚くべきことに手術すべきことは何もなくなっていると言うのです。みんなとてもびっくりしていましたが、わたしは何となくそうなるのではないかとわかっていたような気がします」

わたしは彼女にメールで返信をして、一体何をしたのか聞いてみました。

彼女は、「あれからただクリーニングを続けました。そしてKRさんに言われたように、毎晩毎晩、孫が寝ている時間帯に、わたしは自宅で心の中でただ『愛している』と言っていました」と答えました。

彼女の素晴らしいところは、誰にも頼らずに、一〇〇%自分の責任として記憶を受け入れ、彼女の体験をただ一つ一つ純粋にクリーニングしたところです。難しくしたり複雑にしたりせず、自分の中のインスピレーションに従いながら、クリーニングしていたのです。

ＳＩＴＨホ・オポノポノは誰にでもできることです。霊感がある人や、知識のある人、瞑想の達人と言われている人でなくても、みんなができることです。やり方はとてもシンプル。ただ謙虚に続けるか続けないか、それだけです。

与えられた状況の中でただ純粋にクリーニングを続けた結果、彼女の中の記憶が消え、それによって、彼女のお孫さんの中にあった記憶も消去されました。その結果、お孫さんにとってふさわしいことが体を通して現れたのです。

初めの、お孫さんを治すためという彼女のクリーニングの姿勢は、クラスを通して自分のためへと変化しました。そこで初めてホ・オポノポノのプロセスは働きだしたのです。クリーニングはウニヒピリなしでは始まりません。そして、そのウニヒピリは自分以外の誰のためにも働きはしないのです。

わたしにとっても、クリーニングする、とても大切な機会となりました。彼女が見せてくれたおかげで、わたしの中の記憶も消去されました。クリーニングはあくまでも自分の中で行われるものですが、記憶というのはみんなが共有しているものです。誰の身に何が起きようとも、それらが自分の中にあるということを忘れたら、わたしは人に何かを伝えることもできず、ボディーワークもできない、母親にもなれないし、誰もわたしと会話をしなくなるでしょう。人はみんな、もともとわたしの中にあるものを見せてくれる大切な存在だということを忘れないようにしています。

ＳＩＴＨホ・オポノポノは自分以外の誰かがクリーニングをして「はい、終わり」というものではありません。みんな同じボートに乗っているのです。

ホ・オポノポノのボディーワーク

わたしはモーナを通してボディーワークと出会いました。その後、大学に入っていろいろと体に関して学びましたが、わたしが今でもボディーワークを続けられているのは、モーナから教えていただいたホ・オポノポノのおかげだと思っています。

モーナのボディーワークの基本は、伝統的なカフナの治療法です。その方法から体の動きを見ていきますが、最も重要なのは、やはりホ・オポノポノです。まずは自分を、次にクライアントを、治療前、治療中、治療後にクリーニングします。

前もって、クライアントの体をこう扱うとか、こんな治療をしましょうとか、こんなふうに良くしようという感情や想いは一切ないところまで自分をクリーニングした上で行います。なぜならば、そもそもクライアントの体に、ほんとうは何が起きているのかわたし達にはわからないのですから。ワークする側が思い込みを一切手放すことで、クライアントもそういった思い込みや記憶を手放すことができます。同時に、初めてそのように扱われた体、つまり体を司るウニヒピリは記憶から自由になれたことで喜びを感じ、痛みとなって現れていた部分は消えていきます。

ボディーワーカーとして、自分の思い込みをセッション中に一切持ち込んではならないということも、モーナから厳しく教わりました。わたし達はヒーラーではないため、誰かを癒《いや》すことはしません。わたし達は自分の中にもともとあった記憶を消去していくだけなのです。わたしの中の記憶が消去されれば、相手の記憶も消去されていきます。それは魂の部分でも体にとっても完璧なことが行われるということです。

そこで行われたことは、ウニヒピリ、ウハネ、アウマクア、全員が一つとなって聞いています。それによって、クライアントの家族、親戚、親類縁者、先祖代々に遡って、目には見えない過去の過ちを悔い改めることができます。背中や尾てい骨の痛みは、大抵が家族や先祖の中にある問題が原因ですから、クリーニングを用いたボディーワークによって、痛みが軽くなるのです。

宇宙、つまり神聖なる存在がすべての答えを知っているのだとしたら、わたし達は、その場と一体になることが必要です。しかし、もし治療を行う側が相手を治そうと必死になれば、クリーニングの波をせき止める大きな岩に自分自身がなってしまいます。クライアントにとってもよいことではないし、相手のすべきことを奪ってしまった自分自身にも痛みが現れるでしょう。

それよりも、クリーニングをして、神聖なる存在と繋がることができれば、自然とその時間の中で行われるべき最大のことがわたしにも、クライアントにも行われます。これが、ホ・オポノポノのボディーワークです。

うつ

あなたがうつなのではない。

あなたはうつを、今この瞬間体験している。

あなたがアルコール依存症なのではない。

あなたはアルコール依存症を、今この瞬間体験している。

すべての体験は『記憶』か『インスピレーション』その二つのうちのどちらかです。

記憶からくる体験であれば、クリーニングをすることができます。

飲む薬も一つ一つアイデンティティーがある。病院や医者も。

だから、あなたが体験することに関わる人やモノ、建物すべてをアイデンティティーとして扱いながらクリーニングしていくことで、あなたはほんとうの自分、完璧な状態に戻っていくことができます。

うつになる原因の一つは、表面意識がウニヒピリを無視することです。勝手に物事を決め続けると、ウニヒピリは虐待されている状態になり、固くドアを閉めてしまいます。その状態がうつとして現れます。

うつで苦しんでいるとき、何とかここから脱出したいと頑張ります。しかし、ウニヒピリの存在を無視したままでは何もかもが記憶の再生の状態のまま止まってしまい、苦しみは続きます。

まずはわたしからクリーニングを始めなくてはいけない、そんなときはブルーソーラーウォーターや、HAの呼吸（P85※）がおすすめです。気持ちを込めなくても、ただお水を飲んだり、呼吸法をすることで、ウニヒピリにクリーニングの合図が届きます。それを続けることで、ウニヒピリはあなたがもう一度クリーニングを始めようとしていることに気づきます。

ウニヒピリはどんなときも聞いて、見ているため、どん底のあなたが鏡を見てにこっと笑っていても、ほんとうに起きていることを知っています。自己啓発もウニヒピリを混乱させがちな一つの原因です。ポジティブな自分を育てていく作業も、クリーニングを通して行っていけば良いのかもしれませんが、ホ・オポノポノでは『良い』や『悪い』はなくて、すべてただの記憶です。ほんとうの自分はただ一つ、ゼロのときの自分です。それ以外はいつもウニヒピリが記憶を見せてくれているときの自分なのだから、どんなときもクリーニングすることを第一優先にします。

あなたがウソばかりつけば、ウニヒピリはたちまち扉を閉め、自分の中の三つの家族（セルフ）は断絶されてしまいます。神聖なる存在と繋がらなければ、インスピレーションが届くことはありません。

わたし達は、いつでもクリーニングするかしないかの選択肢を与えられています。どんなときでも、ホ・オポノポノという名の自転車はわたし達のすぐそばにあります。乗るか乗らないかは自分次第。わたしは誰にでも平等に乗ることができるように整えてくれたモーナに毎日感謝しています。

うつ状態のとき、やる気がわかないのに、どうやってウニヒピリと交流をとればいいのかわからないとおっしゃる人がいます。「クリーニングを続けてもウニヒピリが返事をしてくれることはない」と。わたし達の表面意識は、**ウニヒピリの返事やアクションはこうあるものだとあまりにも強く思い込んでいるため、それ以外のささやかな動きを感じることができません。**

では、一生懸命ウニヒピリに話しかけているのに、ずっと返事がないとき、あなたはどんな感情や意見を持ちますか。「悲しい」とか「ひどい」と腹をたてるかもしれない。**実はこれがウニヒピリの声です。**このように声を出して記憶を手放すサインを送ってくれているのです。ウニヒピリはずっとずっと話し続けているのに、気づかないのは表面意識であるあなたです。表面意識には感情がないため、感情として見せてくれているのはすべてウニヒピリです。思い込みや期待がそれを気づかせないのです。ウニヒピリに話しかけても、何も返事がない、交流できないと思ったら、まずは期待をクリーニングしてみましょう。

どんなに目をそらしたくなるような感情でも、それが出て来た瞬間からウニヒピリとの交流は始まっています。自転車（ホ・オポノポノ）をこぐ、こぎ続ける、これがクリーニングです。ウニヒピリの声を聞きたい、聞きたい、これは期待です。そして期待も記憶ですから、クリーニングします。

そうしていくことで、クリーニングされないまま溜め込まれた重たい記憶の岩は少しずつ剝がされていき、本来のあなたに戻っていくことができます。そこには、あなたが今まで期待してきたもの以上のすべてがあります。光があります。平和があります。

別れについて

数ヵ月前にわたしは、かけがえのない存在を失いました。

わたしにとって親友であり最愛の家族である、犬のミス・マーベル。彼女が初めて我が家に来たときには、すでに成犬になっており、いろいろな変わった癖がありました。彼女は後脚で立つと人間ほどの大きさで、とても脚が速く力が強かったため、人に飛びかかる癖に最初の数年は悪戦苦闘していました。でも、その分わたしの心はいつも彼女と一緒でした。

ある日旅行から帰ると、彼女がとても苦しそうにしていることに気づきました。わたしはショックで、最初、彼女が病気であるということを認めることができませんでした。ほんの少し前まで、あんなに生き生きと活気に満ち、相変わらず人に飛びかかって陽気に遊んでいたのに、今、目の前にいる彼女はまるで死を待つ者のために用意されたベッドの上にいるかのようでした。

悲しみ、怒り、無力感など、さまざまな感情が交互にわたしを飲み込むように襲いかかり、目の前にある景色をありのままに見ることができず、「クリーニング、ただクリーニング。この体験をクリーニング」と自分自身に話しかけることしか、はじめはできませんでした。

それでも、そのときわたしが表現できる限りの愛情で、ミス・マーベルの頭を撫《な》でながら、「アイスブルー、アイスブルー、アイスブルー……」「わたしの平和」と言い続けました。彼女に、そして、彼女が見つめる先にある芝生に、彼女が横たわるお気に入りのマットに対しても言い続けました。彼女がこの世で愛したモノ達と彼女が痛みなく、なんのしがらみもないままお別れができるように。わたしが彼女とクリーニングをしてお別れができるように。そのようにして何日もの間、悲しみは突然わたしの元に訪れ、涙は勝手に流れ続けましたが、わたしはクリーニングツールを胸ポケットに入れて、いつでもホ・オポノポノと共に彼女のそばにいました。「わたしはいつでもクリーニングの元に戻れる」と実感としてそのときは感じられなくても、そのことを知っているということがどれだけわたしがわたしでいられるための支えとなったことでしょう。

ミス・マーベル、彼女の体が死に進もうとするのであれば、わたしがすべきことは、わたしの感情、記憶、しがらみによって彼女をしばりつけることではなく、クリーニングをして彼女とわたしが自由になる、ただそれだけです。彼女が行きたい場所に旅をさせてあげることです。彼女は彼女のアイデンティティーを持っています。誰かのために存在しているのではありません。彼女のリズム、目的を尊重し、クリーニングすることで、わたしは彼女の邪魔をすることなく時を過ごしました。

数日して、彼女はとても安らかに、庭に目を向けながら死を迎えました。お気に入りのマットに横たわる彼女に会いに、もう一匹の犬のモーツァルト（ミス・マーベルの親友）が何度もやってきました。その光景を見ては泣き、クリーニングしては泣き、その繰り返しでした。

最後に「さようなら」と彼女を強く抱きしめ、息子に手伝ってもらいながら、彼女の大きな体を埋葬するために布で巻いていきました。とても辛く、感情の面で困難なことでしたが、わたしはすべてのプロセスの間、絶えずクリーニングしていたと感じています。

今でも、まるで自分の意志と反して強い悲しみの波が押し寄せることがありますが、その瞬間もクリーニングできるようになりました。わたしの中の一体どんな記憶が、この果てしなく続く悲しみを今この瞬間、わたしに体験させているのか、自分ではわからないけれど、ウニヒピリに話しかけながら、今日もわたしはクリーニングを続けます。

ミス・マーベルを思い出すたびに、わたしの人生において彼女と出会えたことから、どれだけのクリーニングのチャンスを与えられていたかに気づき、改めて感謝の気持ちが溢れ出ます。悲しみと感謝、その両方を行ったり来たりしながら、『ほんとうの自分』という存在をはっきりと感じて生きていくことを選択しています。

ミス・マーベルの死からクリーニングを続けていく中で、わたしはシェルター（捨て犬保護センター）に行ってみようというインスピレーションを得ました。そこでわたしは、大きな可愛らしい子犬と出会いました。バターと名付けたその新しい犬を見つめながら、自分の心にその新しい存在をゆっくりと受け入れ始めています。

クリーニングによって、わたし達は予想もしないような変化を体験することがあります。しかし、クリーニングがわたし達に与えてくれているのは、今この瞬間、自分の存在を体験させ、次に進むことができるための自然な力です。

わたしは、現在家にいるモーツァルトとバターという二匹の犬と毎日とことん楽しんで生活しています。彼らはとても上手にわたしと遊んでくれるのです。

ミス・マーベル、ほんとうにありがとう。これはあなたからの贈りものかしら？

過去の願い

このあいだヒューレン博士と電話でお話ししていたときに、

「最近身長が縮まったのよ。年齢のせいかしら」

と何気なく伝えました。

すると博士は、「それは、ずっと君が望んでいたことだろう」と言ったのです。

わたしは何のことだかさっぱりわかりませんでした。

「それは君がずっと願ってきたことだろう」と博士はもう一度言いました。

電話を切ってから、二、三日経って、突然あることを思い出しました。

小さかった頃、周りの子達よりも背がのびるのがほんの少しだけ早かったわたしは、それがとても恥ずかしくて、毎晩、ベッドの中で「背が小さくなりますように」と願っていたのです。

叶わぬとも知れないその願いを、一人でこっそり毎晩願っていたときのとても孤独な気持ちを昨日のことのように思い出し、その想い、当時の友人や家族など、自然と思い出すものに対してクリーニングをしました。ウニヒピリに「思い出させてくれてありがとう、クリーニングのチャンスをもう一度与えてくれてほんとうにありがとう」と、心から感謝しました。

わたし達にとって、その願いがあくまで過去のものであって、今は希望していないものだとしても、ウニヒピリにはウニヒピリのリズムがあります。そうやって消去されないままの記憶は、あるとき、わたし達にとってはまったく理屈に合わない時間差で現れたりするのです。体を司るウニヒピリは、過去にわたし達が願ったことを、時を経て、そのまま形に表したりもするのです。わたし達が持っている時間軸もまた、記憶の再生によるものなのです。

もし小さい頃、真に願っていたことがあってそれを思い出すことがあれば、クリーニングをおすすめします。おもちゃ屋さんで、可愛い人形を欲しがる孫の姿を見て、「ああ小さい頃、買いたくても買えなかったのよね」とふと思い出すときとかに。

わたしと
ウニヒピリ

こだわり

「こんなライフスタイルがしたい」とひらめいたとき、まずは、そう思う自分の体験にホ・オポノポノを使ってみることにしています。インスピレーションに基づいた生活が送りたいのであれば、「自分にとって何がそのとき完璧なのかを知っている」という思い込みを手放すことがポイントです。雑誌やテレビ、ニュースを見て素敵な生活をしている人がいたら、「ああこんな素敵な人がいるのね、見習いたいわ」と思ったり、ある人がベジタリアンとしてとても健康になったという情報を聞くと、わたしも好奇心旺盛なので、ちょっとわくわくしたりします。

そんなとき、実はウニヒピリは置いてきぼりにされがちです。わたしが何かを見たり、感じたり、頭が働いているのは、ウニヒピリがわたしに見せてくれたから。ですから、まずそのことに感謝して、クリーニングします。それからでも何にも遅くはないでしょ？　そのようにクリーニングしていくと、ウニヒピリがどんどん協力的になり、気づいたときには、自分にとってとても豊かな環境に変化しています。

そのときの情報や自分の価値観や思い込みから、ほんとうの正しさや間違いというものを見つけることはできません。特に、政治的、社会的、経済的なところにとても強い信念を持っていたら、クリーニングすることをおすすめします。いつでも、情報や知識（たとえ遠い国の戦争のニュースであっても）は自分の記憶の中から見えてきます。価値観も同じ。価値観に「良い」や「悪い」はありません。あなたがつくり出したものでも、他人から植え付けられたものでもないのです。価値観は、あなたの中にもともとあった記憶ですから、価値観をクリーニングすることで、自由とインスピレーションが得られます。

「何が正しくて何が間違っているか」を日常で一体どれだけ考えているか観察してみたら、ちょっとびっくりするかもしれません。わたし達が普段、どれだけ多くの時間を、自分の中にもともとあった記憶によって振り回されているのかということに気づくでしょう。

許し

「許さない」と恨みを持ったまま生きていくことは、誰かに対する呪いではなく、自分自身を最も傷つけます。きれいごとではなく、記憶の再生という点では、あなたが今クリーニングできることとしてウニヒピリが見せてくれていることなのですから、それをクリーニングしないままにしておくことで、ウニヒピリは何度も繰り返し傷つきます。

記憶の倉庫に閉じ込められたままのウニヒピリは、そこで目に映るものをそのまま体を通して表現します。結果、病気や怪我、さらには経済の問題として現れます。ですから、表面意識である自分がそこに気づいているのであれば、ウニヒピリと会話を始めなくてはいけません。

「恨みを持っていることを見せてくれてありがとう。
あの人のこと、まだまだ許せないね。

でもわたしは、クリーニングして手放したいと願っているよ。

だって、こんなふうに病気になったり、経済的に困難になったりして、重い苦しみをあなたが背負っていることに気づいたから。

高血圧もこの記憶の再生が原因なのね。

わたし達にとって毒だよね。

恨みを持つのはとても痛いことだと見せてくれてありがとう。

今まで放っておいてほんとうにごめんなさい。

もうこれからは一緒だよ。

ホ・オポノポノを使って一緒にクリーニングしていきましょう」


たとえば、こんなふうにウニヒピリに話しかけていくことから始められます。とても感情的になっていて、こんなことは言っていられない状態であれば、ただ「愛していますす」と心の中で言ったり、ブルーソーラーウォーターを飲んだり、「アイスブルー」と言って植物に触れることでも、十分なクリーニングになります。そこからもう一度ウニヒピリと会話を始めてもいいのです。こんなふうに感情がいっぱいになっているからこそ、内省が必要なのですね。

「クリーニングを始めてから、今まで以上に感情的になったりする」とおっしゃる方もいます。これは、今までウニヒピリを押し込めて、我慢させていたものが噴き出しているせいで、バランスをとるために変化しているのかもしれません。分析はやめてまずクリーニングしましょう。

誰かを恨み、憎むことは、このような状態になってしまった自分自身を許していないから続くのです。実際のところ、わたし達は自分自身を許していません。こんなふうに説明すると、一生懸命、自分の幼少期のトラウマや、前世の記憶を調べようとする方がいます。しかし、**ホ・オポノポノでクリーニングするのは、今この瞬間の自分だけです。**今自分が感じ、体験することをクリーニングします。もし今、昔のことを思い出すとしても、思い出している今この瞬間の体験としてクリーニングします。

ホ・オポノポノをしたからといって、表面意識は、決して平和や穏やかさだけを見れるわけではありません。しかし、ウニヒピリの中ではちゃんと記憶をゼロに戻しながら、整えられていくのです。ウニヒピリがバランスを取り戻すことで、あなたはウニヒピリの信頼を取り戻すことができます。

トラウマ

人に裏切られたり、誰かを忘れることができずに苦しんだり、人を恨んだり、トラウマとなっていることはたくさんあると思います。でも、その根本の原因は、すべてあなたの中にもともとあったものです。ウニヒピリはただ一人、それを抱えて今まで孤独に苦しんできました。頭では、ほんとうに苦しくて辛い問題でも、実際にそれを抱えているのは、ウニヒピリの部分です。

そこで、あなたがウニヒピリに対してどれだけ愛情を注ぎ、良い関係を保つことができるのかが、問題解決の大きな鍵となります。この辛い記憶を今、表面意識である自分が見ているということは、ウニヒピリの信頼を取り戻すチャンスでもあるわけですから、この機会を大切にしたいですね。

忘れてほしくないことは、今体験しているあらゆる問題は、もともと自分の中にあったものであって、新しい体験ではないということ。長い間、気づくことのなかった部分を今、あなたはこの瞬間クリーニングすることができます。思い描いたような結果にならなくても、クリーニングを続けていくうちに、少しずつウニヒピリを解放していくことができます。忘れないでください。ウニヒピリは自分自身です。

クリーニングによってウニヒピリの状態はどんどん軽くなり、固く絡み合った糸が緩むうちに、他にも問題の原因となるさまざまな記憶を見せてくれるかもしれません。それでも、クリーニングを続けること、自転車に乗り続けること、それが表面意識である自分の役目です。ホ・オポノポノのプロセスである悔悟によって記憶をクリーニングしていくことで、ウニヒピリの中で今まで「許さない」と長年封じられてきたところが、どんどん許されていきます。ゼロに向かうための唯一のプロセスです。

母と子

とても昔の話ですが、アメリカ本土から母がハワイの我が家を訪ねてきたときのこと。滞在中、わたしの仕事中は、母には二階のリビングルームでゆっくりしてもらっていました。二日も経つと一人でいるのに飽きてきたのか、一階のわたしのオフィスに遊びにきて、一緒に会話を楽しんでいました。仕事を終えなくてはいけないわたしがだまって仕事に集中し始めても、母は一人でぺちゃくちゃおしゃべりを続けていました。

「わたし、今とっても忙しいのよ！」

と怒鳴りたくなりましたが、我慢していました。しかし、言うに言えないイライラする気持ちが心に残ったままでした。

わたしは、その瞬間のその感情、状況、母、そして自分に対してクリーニングしました。すると、ふと出てきたのが、自分自身のウニヒピリの姿でした。このときのわたしは子としての立場でしたが、今のわたしと母の状態は、ウニヒピリと表面意識であるわたしが普段どんな関わり方をしているかを、そっくりそのまま映し出していると知りました。わたしは日頃、ウニヒピリが体験させてくれている一つ一つを無視して、自分の都合で、「今お話ししましょう！」とか「今はちょっと休憩よ」とか、「どんな気分か聞かせてよ！」なんていう関わり方をしていたのだ、と目が覚めるような気持ちでした。

「これは早く終わらせるべき！　さっさと終わらせなさい！」

などとガミガミしつこく言い、いつもウニヒピリにこんな想いをさせていたのだと気づいたのです。

「親として、いつでも何が起きているかわかっていて、どうしたらいいかよおく知っているのよ」

こんなふうに言い聞かせ、ウニヒピリの頑張りを無視し続けていたのです。ウニヒピリは精一杯抱えている記憶を再生し、クリーニングしようとしているのに、わたしがその邪魔をしている。その姿がはっきりと見えました。わたしのウニヒピリはまさに親にガミガミ言われ、固く反抗している状態だったのです。

母と自分の関係を通して、わたしのウニヒピリがどんな状態かを見ることができたことは、とても幸運なことでした。一九歳でホ・オポノポノと出会って以来、続けてきたクリーニングでしたが、『**自分は何でも知っている**』という思い込みを手放せていなかったのですね。何度も何度も、自分の思い込みをクリーニングによって手放し、『**自分は何も知らない**』ということを体験したとき、わたしの中で次のステージに進んだ気がします。

ウニヒピリは自分自身ですから、わたしは長年、自分に対してどんなふうに接してきたのかを知り、心から悔い改め、クリーニングを続けていきました。そうするうちに、自分と母親、また息子や娘との関係がはっきりと変わり始めたのです。

ストレスを感じずに相手を尊重し、共にいる時間の中でそれぞれが完璧なバランスで時間を共有している、そのような関係になりました。わたしは何も画策したり、気をつかったり、合わせたり、説き伏せたりする必要がないのです。ただ愛すべき人達の中に安心して身を委ねることができます。**ウニヒピリに安心と安全を与えることができれば、それはそのまま自分と他者との関係の中に現れていきます。**

母、子ども、孫、それぞれの立場はもちろんあるのですが、一人一人の自己がはっきりし、誰か一人だけが孤独を感じ、犠牲になるようなことは起きません。モーナはいつもおっしゃっていました。「**いつでも自分の中を見なさい**」と。自分以外の誰かとわたしの間に隔たりはないのです。

恋人でも、家族でも、相手を尊重するためにお互いの時間を持ち、プライベートをもっと分けることが必要だと、現代社会では言われるようですが、このやり方だけでは、必ず誰かが傷つきます。一番傷つくのは自分自身です。たとえ無理矢理部屋を分けたとしても、目の奥にはずっと他の存在が焼きついているのですから。なんでも無理矢理は辛いものです。

自分の中にある三つのセルフと神聖なる存在が、バランスを持って繋がることができれば、自分が関わるすべての人とも自然な流れの中で、適切な距離やタイミングで関わることができるようになります。

自分の中に、家族三人（アウマクア・ウハネ・ウニヒピリ）が安全に暮らせる場所があれば、わたし達はどこにいようと誰と関わろうと、平和を保つことができます。

母と子

良い母親は良いウハネ

まだ三人の子ども達が小さかった頃、同じように子育てをしている母親達から、「カマイリ、あなたは子育てにまったく苦労していないみたいね」とよく言われました。「あら、とっても大変よ！」とわたしが言っても信じる様子はありませんでした。

実際、子育てを通して言葉では表せない大変な経験をたくさんしてきました。しかし、わたしは幸運にもホ・オポノポノを知っていたので、母親という立場であってもいつでも自分を大事にケア（お世話）することができていたため、問題を体験してもそのつどクリーニングすることを選択できました。

どうにかもっと楽にならないものか、とまだ見ぬ未来を考えあぐねるのではなく、今自分が感じている大変さを押し込めるのでもなく、今自分がシングルマザーであることや母親であること、母親の役割など、今あることをただそのままクリーニングしていました。

子どもが言うことを聞かず、クリーニングしないまま怒鳴ってしまい、罪悪感を体験したことは何度もあります。個人セッションでもそのような相談がたくさんあります。

ホ・オポノポノでは、「良い親になるためにはあなた自身が自分のウニヒピリにとって最高の母親（ウハネ）でいなさい」といわれます。

これは、良い恋人になりたい、良い友人でいたい、良い娘でいたい、良い上司でいたい、と思ったときにも同じことがいえます。

あなたがどんなに相手に尽くしても、あなたが自分自身にとって最高のケアテイカー（お世話をする人）でいない限り、相手は自分を『記憶という曇りガラス』を通してしか見ることができません。

ウニヒピリと深く繋がっている人は、関わる人やモノ、そのもののアイデンティティーと付き合うことができます。それはそれはスムーズな関係です。学ぶべきものを学び、与えるべきものを与え、相手をいつも平和の中で自由にすることができます。それはインスピレーションから行動しているからできることなのです。

わたしは母親としての苦しみをその都度クリーニングしながら、毎日新鮮な気持ちで子ども達の成長のそばにいることができました。日々形を変える子ども達と一緒にわたし自身も、成長し、何度でも、クリーニングすることができました。

クリーニングしたからといって何も問題がなかったわけではありません。息子が成長してからも、駐車違反の切符を切られ、裁判所で母親として怒鳴られたりと、さまざまなことがありましたが、クリーニングだけはしていました。すると、頭や感情でどこかへ連れ去られたりせず、どんなときも、その瞬間クリーニングに立ち戻ることができるようになりました。それがわたしという人間にとって最も大切なことでした。

ケアテイカー

わたし達『母親』には、子どものケアテイカー（お世話をする人）という役割があります。自分が母親になったその瞬間から、自分の子どもとしてこの世に現れてきた存在をケアしていきます。そのとき、『母親』という自分の立場をクリーニングすることはとても大切なポイントになります。

具体的に母親という立場をクリーニングするのはとてもシンプルです。自分が母親を体験しているとき、たとえば、子どもを幼稚園に連れていくときや、子どもの世話をしているとき、「ママ」と呼ばれたときなど、気がついたときに、ただ4つの言葉を心の中で言うだけで構いません。

本来子どもは『神聖なる存在』の元にいて、その存在は子ども本人のものであるということを受け入れることが大変大事なことです。わたし達大人が子どもに最大限にできることは、その子を愛して、ケアして、元の場所へ手放すことです。

自分も子どもも、それぞれが一つの『魂』として自分の存在を全うしなくてはいけません。親が子どもを所有しようとすればするほど、子どものウニヒピリは自由を奪われ、本来の完璧な存在は姿を潜めます。それは、同時に、親自身にも起きることです。自由を奪われた魂は、記憶を再生します。それは、問題が起きるということです。

問題を解決するために自分ができることは、子どもであれば、母親や父親との関わりをクリーニングし、親であれば子どもとの関わりをクリーニングすることです。夫や妻、パートナーがいるのであれば同じように、相手と自分との関わりをクリーニングします。

子ども達のことはもちろん心から愛しています。それはちゃんと知っていて、そこも自分の体験としてクリーニングします。安心してください。

クリーニングによって、何かがなくなるということはないのです。お部屋をお掃除していると、「もういらないな」と捨てることもありますし、なくしていたものが見つかれば、正しい場所に整理しますよね。それと同じで、クリーニングすると、記憶を正しいところに届けることができるのです。そうすると、自分の中で変化が起きて、同じ行動をとったとしても結果が変わってくるのです。

クリーニングを通して親子が関わると、潜在意識の中では、ある意味、対等の関係になります。今この瞬間、表面的には親子ですが、過去の繰り返しの中で、以前は息子が自分の上司であったかもしれないし、自分は彼の先生であったかもしれません。どんな関係で何が起きていたかはわたしにはわからないけれども、目には見えないしがらみを、今、親子として体験し直しているのです。

親として心から子どもに愛情を注ぎ、最大限に良い環境を与えていたとしたら、子どもがそれに応えてくれないと苦しいですよね。でも、『苦しい』と体験しているほんとうの理由は記憶の再生ですから、クリーニングすることができます。もしかしたら、子どもの中では、与えられた環境の中で才能を表現することで憎しみを持たれたり、懲らしめられたりしたという過去の記憶によって、今も才能を表現することに恐れをもっているのかもしれません。親である自分が子どもや自分の過去に何が起きたのかを知らなくても、まずは自分、次に問題となって現れている子どもの順番でクリーニングすることが何よりも重要です。どの出来事がその問題と関わっているかは、表面意識ではわかりません。相手が誰であっても自分がクリーニングされた状態であれば、お互いのほんとうの姿（ゼロの状態）を見ながら関わることができ、愛のある関係に変化していきます。

「愛」とは「自由」のことです。家族の一員として、親子として、完璧な状態ですべきことをして、受け取るべきことを受け取れるようになります。

子どもの育て方

ヒューレン博士は母親という立場にある人に、いつもこんなふうにおっしゃいます。
「あなたの子どもはなぜあなたの元に生まれてきたか知っていますか？　あなたを悩ませるためです」

子どもという立場にある人にも同じようにこんなふうにおっしゃいます。
「なぜあなたの両親は、あなたの父親や母親になったのだと思いますか？　それはあなたを悩ませるためです」

少し過激に聞こえるかもしれませんが、悩ませるためというのは、ここではクリーニングするためという意味です。過去にお互い何があったかはわからないけれど、**自分の子ども達は過去にわたしがクリーニングしきれなかったことを手放すチャンスを、今回もう一度わたしに与えてくれています。**

もう一度思い出していただきたいこと。それは、いつも、どこでも、わたしはわたしのためにクリーニングするのだということです。子どものためにクリーニングするのではありません。ウニヒピリはどんなときも表面意識のためだけにクリーニングをするのであって、誰かのために協力はしてくれません。ウニヒピリの協力がないと、ホ・オポノポノのプロセスは最後までなされないのです。

たとえば、子どもの進学について。表面的に見ると、子どもが受験を体験するのですが、ホ・オポノポノの視点から見てみると、子どもが受験をするということを自分が体験しているため、自分自身をクリーニングします。もし、友人が子どもの受験の相談をわたしにしてきたとしても、そのときも相談を聞いているのはわたしですから、その体験に向けてクリーニングします。クリーニングはいつも、自分の中で起きているということを忘れないようにしましょう。

自分の体験をどのようにクリーニングしていくかは、ご自身の自由なインスピレーションから行うことがベストですが、わたしの場合次のことがインスピレーションでありました。

子どもを良い学校に入れたい動機
社会に不安を感じているという体験
進学のために必要なこと
塾に入れることに対して出てくる自分の意見、想い
塾の名前
塾の住所
子どもの名前
入学させたい学校の名前
学校の住所
子どもの進学に対して体験したこと（夫に反対されるなど）
（リストアップする過程で現れる体験や想いもすべてクリーニングに含めます）

これらをまとめてクリーニングするのでもいいのですが、できたら、一瞬一瞬一つ一つをクリーニングしていきたいです。クリーニングの過程で、次にウニヒピリが体験さ

せてくれることは、もしかしたら、姑《しゅうとめ》との問題かもしれないし、隣人とのトラブル、または遠い国の経済のニュースかもしれません。何が次に出てくるかはわかりませんが、クリーニングの自然な流れがようやく生まれたのですから、その波に乗ることが大切です。「このことは、この塾の問題と関係ないから」ではなくて、出てくることはすべて記憶の再生ですから、あとはクリーニングするだけです。

そうすることで、問題が落ち着いたり、何か他のことが解決されていたりなど、表面意識で気づくこともあれば、そうでないこともありますが、結果は神聖なる存在に任せます。もしかしたら、自分が今体験している進学に対する問題のクリーニングの結果として、親せきの病気が治るかもしれない。逆に、今日ニュースで見た事故をクリーニングすることで、子どもの安全な進路が開かれるかもしれない。わたし達にはこの宇宙の法則がわからなくても、『クリーニング』という最大のツールが与えられているのですから、実践あるのみですね。

ヒューレン博士とカハラ・ビーチを散歩していたときに、浜辺の上をパトカーが通っていきました。何十年とここに住んでいて、一度もそのようなことが起きたことはなか

ったため驚きました。駐車場へ戻り、博士が助手席に座り、わたしが車のエンジンをかけようとした瞬間、

「さっきの体験をクリーニングしたかい？」

と、博士はわたしの手を止めました。ああ、こういうことなのか、と目を覚ますような体験でした。

自分が体験することをただクリーニングすることが大切なのであって、どんな結果が待っているかを知る必要はないのです。一つ一つ自分が体験したことをたった一言「愛しています」とクリーニングをするだけで、わたしは本来の自分として、神聖なる存在と繋がることができます。

子どもが与えてくれるのは、クリーニングの機会です。子どもが愛しくてたまらない、子どもが泣きやまない、子どもが心配、親失格だ、子どもが言うことを聞かない、子どもが病気で苦しんでいる、子どもが不登校……あなたの元に生まれてきた最愛の子を通して出会うさまざまな体験を親であるわたし達一人一人がクリーニングしていくことによって、自分の中に長年溜め込まれてきた記憶が一つ一つ剥がされていきます。

その結果、自分だけでなく、相手にも同じ状態が起こります。神聖なる存在の元に戻ることができるのです。完璧な状態の下、本来いるべき場所に行き、本来やるべきことが、完璧なタイミングで行われます。

子どもが問題を起こせば、母親はもちろん苦しむでしょう。それでも、その原因はもともと何世紀にもわたって自分の中にあったものですから、やっと目の前に出て来てくれたものとして、まずはクリーニングします。とても大変なことだとは思います。しかし、もし大きなごちゃごちゃの状態の鞄《かばん》の中に腐ったサンドイッチが入っているのに気づいたら、「ああ気づいて良かった」といってゴミ箱に捨てますよね。それと同じで無意識の状態でずっと溜め込んでいたものをようやく手放すチャンスなのです。

わたしは一人の母親として生きてきました。もちろん、完璧でなかったかもしれません。子どもにいろいろな想いや体験を与えてきたでしょう。しかし、気分が良いときも悪いときも、経済的に安定しているときもそうでないときも、いつでも母親という体験をクリーニングしてきました。シングルマザーを体験したとき、授業参観、兄弟喧嘩、子どもが欲しいおもちゃを買ってあげられなかったとき、反抗期、他の家庭と比較したとき、その都度いろいろな体験をするたびにクリーニングをしてきました。ありがたいことに、そうすることでみんなちゃんと安全に乗り越えられてきたのです。

罪悪感をクリーニングすることはホ・オポノポノのプロセスにおいて、大切なポイントです。母親として幼い我が子を家に残したまま仕事に行かなくてはいけないことがありました。長男が九歳で、下の子は四歳の頃でした。初めは問題がないように見えましたが、突然不安を感じました。「他の家庭だったら、こんなこと認めてもらえないのではないかしら」と自分の中で葛藤が始まったのです。その体験をクリーニング、子ども達の名前をクリーニング、年齢をクリーニング、社会の常識をクリーニング、そうすることでいつもの自分に戻り、(わたしが留守中に、子ども達が必要なものを用意して)平和な気持ちで仕事に出かけることができました。その日家に戻って感じたのは、わたしがその日、その時間、家にいないことによって、子ども達は兄弟として調和がとれ、それぞれの才能を発揮し、人間として成長していて、ささやかなことですが、言葉にはできない何かが育まれていました。わたしも子どもに対して、心から尊敬と愛情を体験しました。

クリーニングによって、そのとき体験している自分の感情を手放さない限り、肉体的に外へ出かけても、魂の部分は記憶の再生を通して繋がったままです。それはお互いにとって安全なことではないですし、結果、子どもにとっても良い影響は与えられないでしょう。前提として、わたし達は体を持ってこの世に生まれてきているので、自分や子どもの身体的な安全を保つことは必要です。しかし、心配や執着をクリーニングして手放さなければ、どこかで必ず苦しみは再生されます。子育て、恋愛、あらゆる人間関係において同じことが言えます。

親が子どものためにできる最大のことは、クリーニングによって親自身がゼロになることです。それによって子どもは自由になり、本来の完璧な存在に戻っていくことができます。クリーニングによって子どもを神聖なる存在の元に戻すこと、それは親が子に与えることができる最大の愛情です。モーナが教えてくれた子育ての法則です。

Q&A　子どもに与えられること

Q．子どもがごはんをなかなか食べてくれず、ほんとうに疲れてしまいました。子どもへの愛情のかけ方、そしてしつけの度合いがわかりません。ホ・オポノポノを学び、子どもには子どものアイデンティティーがあるということは理解できます。であれば、このまま好きにさせていればいいのでしょうか。

それは違います。何度も言いますが、何か問題がある場所にいるのは、いつでもあなたなのです。そして、問題は、あなたの中のウニヒピリが見せてくれているものです。原因は、あなたの中で今までクリーニングされず積み重ねられてきた記憶の倉庫の中にあります。まずできることはクリーニング。そこからスタートすることができます。確かに子どもには、子どものアイデンティティーがありますが、子どもを通してあなたが体験することは、すべてあなたの中の記憶の再生によるものです。

多くの人がホ・オポノポノを学びながらも、何度も自転車から降りようとします。最後までウニヒピリの声を聞き、見せてくれるものを見るのが怖いからでしょうか。思った通りにならないからでしょうか。疲れてしまうからでしょうか。でも、思い出してほしいのです。もし、もう一度クリーニングしたいと思ったら、やはり、あなたの自転車に乗ってほしいのです。

クリーニングは何か意志や目的を持ってするものではありません。ただペダルをこぐのです。**こいでこいでクリーニングした結果、そのときあなたが持っていること、できることの中で子どもに与えるべきものを与えるのです。**無理をしたり、これが母親の役目と、形のないところに自分を追い込むのは、あなたのウニヒピリにとっては、虐待ですよね。自分を犠牲にする必要はありません。

育児の問題で悩んでいるという相談があったら、わたしはいつもこのように言います。

「自分自身を、まずは、大切に保護してあげてください」

子どもをどうにかしようとする前に、まず自分の中をクリーニングする必要があります。わたし達は意識だけでなくて、この体を持ってこの世に生まれてきているのです。

自分の体を大切にするということは、自分のウニヒピリを大切に扱うということです。その結果、次にクリーニングすべきことをあなたのウニヒピリは必ず目の前に表してくれます。**母親が自分を犠牲にしながら、子育てをしていたら、子どもに与えているのは「犠牲」です。**しつけをしながら何を教えているかというと「自分を犠牲にしなさい」と教えているのです。母親の中では、このにんじんを食べさせないと栄養がかたよってしまうと心配して、子どもの健康を気づかっているとしても、子どもに与えているのはにんじんではなく「犠牲」そのものなのです。

子どもはとてもよく見ています。寝ていても、聞いています。SITHホ・オポノポノのベーシック1クラスは〇歳から参加できますが、たまに椅子の上で寝ている子を、一生懸命起こそうとする親を博士はよくこんなふうに言って止めます。

「寝ているこの子は、起きているあなたよりもずっと良く話を聞いていますよ」

一概には言えませんが、子どものほうが大人よりも潜在意識とのつながりが保たれているようです。ですから、あなたが話していることよりも、あなたのウニヒピリが何を話しているかを聞いているのかもしれません。

たとえば、子どもがあなたの目をつついて、あなたが声を大きく叱ったとしても、あなたがクリーニングをしない限り、大切に扱われていないあなたのウニヒピリの声しか子どもは聞こえないでしょう。そして大きくなっても同じことを他人や自分にするでしょう。もしも親であるあなたが、自分自身を大切に扱いながら、子どもを通して体験することを丁寧にクリーニングすれば、親としてきちんと叱ることができます。

「犠牲の下には何も生まれません、自分をいつも大切にね」

当時子育てをしていたわたしに対する、モーナの言葉です。

親であったとしても、同時に妻であったり、職を持っていたり、家を持っていたり、植物を育てていたり、あなたのご両親の子どもであったりと、数えきれない立場を持っていますよね。「子育てに問題があるから、そこをちゃんとクリーニングしたい！」そんなふうに強く願うからこそ、日々一人の人間として一つ一つのことをクリーニングすることが必要なのです。「職場や家、収入の源、隣人との関係、テレビのニュース、通りで起きた事故、車の不調、そういった一つ一つのことをクリーニングしなさい」とモーナに教わりました。

たとえば、その日感じた怒りをクリーニングしないまま帰宅し、料理して子どもに与えたら、その食べ物は子どもに「怒り」を届けます。外で働く母親は、特にクリーニングの機会を与えられています。クリーニングしきれなかった会社での強い想いや感情とか自分自身の痛みが、子どもに影響するのです。専業主婦で、夫が外に働きに出ていても同じです。たとえ、夫がホ・オポノポノを知らなくても、あなた自身がクリーニングしていれば大丈夫です。お家のクリーニングを丁寧にすることをおすすめします。

例として、凶悪犯罪を取り締まる警官、重病患者が入院する病院に勤めている医者や看護師、スタッフ、お見舞いに行った家族がクリーニングをせずに帰宅すると、その人達はもちろん、その家までも、記憶を背負うことになります。そして、その家に暮らす家族全員がその影響を受けます。わたしもクライアントにボディーワークをした後、クリーニングしないまま、子どもはもちろん何かに触れたり、始めたりすることをモーナから厳しく注意されていました。クリーニングをしないまま、何かをするということは、一日中いろんなモノに触れた手を洗わないまま、お米を研ぐようなことなのです。

宇宙には秘密がありません
あなたの話をどこかで誰かが聞いています
この地球のどこかで誰かが質問をしていたら、
あなたの中にもその疑問があるということ
この地球のどこかで誰かが泣いていたら、
あなたの中にもその悲しみがあるということ
あなたがクリーニングをしないまま、誰かを憎しみ続けていたら、
地球のどこかでそれを誰かが聞いています
その記憶によって、必ず誰かが苦しみます

すべては自分の中にあるのです。だからこそまず自分の中をお掃除します。やり方は簡単、クリーニングです。その結果、まずは自分にそして次に自分がかかわる人やモノに最適なことが、最適なタイミングで現れていきます。

あなたそのものが愛であれば、
すべてのものが
あなたを受け入れます。

クリーニングを続けていくと、
インスピレーションから
この人生を歩んでいくことができます。

Aloha

今あなたの周りにいる人すべて、
あるものすべて、
居る場所すべてがあなたに記憶を
手放すチャンスを
与えてくれています。

KAMEHAMEHA

対談

KR & よしもとばなな
ホ・オポノポノ・トーク

カマイリ・ラファエロヴィッチ（以下、**KR**）　新しく大きな白い犬が家族の仲間入りしました。

よしもとばなな（以下、**よしもと**）　家族が増えましたね。

KR　白い犬で、バターという名前です。なんでもかんでも噛《か》んでしまうんです。

ところで、ばななさんの本、わたしの娘にもぜひ読んでほしいです。娘は三一歳で子どもが二人います。小さいほうの孫は一〇歳。

よしもと　ハワイのお家にはたくさんおもちゃがあったけれど、その子たちのものですか。

KR　そうです。孫達の遊び場になっています。

よしもと　子どもにはたまらないですよね。走り回れて。わたしの息子もこのあいだハワイのKRさんのお家に行ったとき「ここからもう帰らない。ホテルよりいい！」と言っていました。

KR　そうですね。庭も広いし、犬もいるしね。孫達はしょっちゅう走り回っています。

よしもと　うちの子どもはどんなに大きな犬でも怖がりません。だからKRさんのお家にいた犬達とも怖がらずさんざん遊んでいました。

KR　ばななさんは、動物を五匹飼っているとおっしゃっていましたが、何を飼われているのですか。

よしもと　犬が二匹、猫が二匹、亀が一匹です。

ＫＲ　わあすごい！　わたしの娘はインコを二羽飼っています。彼らもまたよく噛むんですよね。とっても小さいのに、よく噛みます。ピーピーピーって。だから小さいおしおきをすることもあります（笑）。わたしがいつもつけているこのネックレスが大好きで真珠の部分をよくつついてくるの。

よしもと　ああ、その形、鳥にはたまらないですね（笑）。

ＫＲ　わたしも亀も飼っています。水の中で気持ち良さそうに泳いでいます。

よしもと　うちにいるのはリクガメだから、仕事をしていると膝元に来て寝ています。

わたしは昔、大きなリクガメを飼っていました。どんどん大きくなって住んでいたマンションの建物を壊してしまって、大家さんに怒られて、友達の家に行きました。とても賢くてごはんを食べるためにいつも冷蔵庫の前で待っていたんですよ。おなかがすくと野菜室の前でじっと待っていました。

ＫＲ　わあ、頭がいいですね！

BOTTLE PALM（トックリヤシ）

『ほんとうの自分』を取り戻すこと

編集部　今日本では、さまざまな理由から、生きる目標を見失っている人が増えているように感じます。お二人のご意見を聞かせてください。

よしもと　日本では時間がすごく早く過ぎていく、このことが生きる目標をなくしてしまう一つの理由なのではないかと感じています。

なぜなのかはわからないけれど、たとえばハワイなどと違い、ものすごく早く時間が過ぎてしまう。どんどん時間は過ぎていくのに、気を紛らわせることができるものが多すぎる。ハッと気がついたときには、子どもの気持ちのまま三〇歳になっていた、みたいな感じなのではないでしょうか。そんな体と心の成長がリンクしていない状態で『ここから先どうしよう?』となるから、すごく焦るのだと思います。

そして、生きる目標を見失うこと自体に罪悪感を持っている人も多いです。でも、本当の原因は個人の問題だけではなく、社会の仕組みそのものが早すぎるということもある。そのことに関して、個人としてどういうことができるのかが、この本には書いてあるなと思いました。

ＫＲ　ばななさんがおっしゃることは、わたしの中に美しく流れるように届きました。時の流れの早さ、これは、今この社会に住むわたし達が持つ大きな体験の一つですよね。わたしが三〇代の頃にはそんなに時間が早く過ぎてしまうという体験はありませんでした。でも、三二歳になる娘は、しょっちゅう時間の流れが早すぎると言います。

ホ・オポノポノの美しいところは、ほんとうの自分を取り戻せるということです。そこから、自分自身の可能性、自分が思いつかないような自分らしさに気づくことができます。たとえばこうして、ばななさんと対談をするという機会もそうですが、わたしの日常とは違うことが今この瞬間起きていて、自然に何かが開いていく体験をしています。

ばななさんがおっしゃった、この社会で感じる時の流れの早さは、自分がどう頑張っても変えることはできません。でもどんな状況の中でもホ・オポノポノのプロセスを扱うことで、自分の表面意識と潜在意識が繋《つな》がって、そこから『ほんとうの自分』を取り戻すことができます。

よしもと　はい。

ＫＲ　わたしは幸運にも一九歳でホ・オポノポノに出会うことができ、とてもありがたく感じています。だからといって、すべてが理想通り、完璧に起きていたわけではありません。でも、この世が始まって以来、自分が体験したあらゆる過ちや後悔、苦しみを今日この瞬間、「ありがとう、ごめんなさい、許してください、愛しています」と悔い改め、許し、変化することができるのはとてもすごいことです。

自分が気づいている過ちや後悔、または、表面意識では知らないことさえも、前もってクリーニングすることで手放すことができる。つまり許すことができます。

たとえば、ばななさんが本を書くということで自分自身を内省するように、わたしは、ホ・オポノポノの個人セッションを通して、四〇年近く自分を内省してきました。今目の前にある仕事や役割を通して、どれだけ本来の自分自身に戻していくかが大切なことだと思います。

よしもと　わたしは二三歳くらいのときに世の中に出て、やはりさまざまなことがあったんです。良いことも悪いことも。自分の力で問題を解決するためにいろいろなことを試みました。まず自分を見せないようにしました。たとえば、外出するときはわざと自分らしくない服装にするとか。

そのようにほんとうの自分を隠そうとすると、表向きは解決するけれど、やはり無意識レベルで何かが溜《た》まっていくんです。ＫＲさんの表現を借りると、ウニヒピリが傷つくということが起きます。ウニヒピリと繋がる練習をしていないと、どんどん会話ができなくなっていく。だからわたしは、潜在意識に繋がるということに関してたくさん考えました。

普通、人は自分の中の高い人格は体から離れたこのあたり（と言って頭の上を指す）にあると考えている

いると思います。でも本当は肉体的にいうとこのあたり（と言っておへその下、下腹部を指す）にあるんだと思うんです。いわゆる丹田《たんでん》と呼ばれるところです。だけど、現代の人はここにいる自分（頭の上のほう）は自分自身を裁く部分と捉えているから、丹田のあたりにいる素直で気高い自分と繋がることができず、ほんとうの自分からどんどん遠くなっていくのではないでしょうか。

だけど、もしそれが自分の内側にあると一度思えば、どんどん繋がっていくと思ったんです。一度そう気がつくと、頭で考えるという無駄なことをしなくなり、ずいぶんと楽になりました。

KR　とってもわかりやすいですね！

よしもと　えへへ（笑）。

KR　わたしもこれまで時間の無駄をいっぱいしてきました（笑）。

よしもと　若いときは時間の無駄も経験したほうがいいかもしれないけど、今の人達は四〇や五〇になっても、ずっと頭の上のほうでぐるぐる回っているのかもしれない。だからこそひとたび自分の内側に入ればその広さに驚くことができると思います。

『女性であること』のクリーニング

編集部　ばななさんが、日頃ホ・オポノポノを実践するのはどんなときですか。

よしもと　何かあったらとりあえずクリーニングする。ただそれだけです。クリーニングしたらどうなるとかそういう期待からするのではなくて。

日本では昔から、念仏を唱えたり、マントラのようなものをただ唱えることで無意識に戻るということが何度も実践されてきたので、そういう意味でも、ホ・オポノポノは日本人にとって受け入れやすいものだと思います。

今の日本の若い人達に起こりがちな問題だけど、たとえば彼氏に、「もっと髪を伸ばしたほうがいいよ」とか、「山に登っていないで海に行こうよ」と言われたとき、日本の若い女性は、それも多分過去の記憶だと思うのですが、「わたしは短い髪が好きなの」「それよりも一緒に山に登ってみましょうよ」と言ってみることをしません。

KR 自分の中の記憶の再生から、先に進めないのですね。

よしもと そこで、お互いが多少ぶつかり合っても、二人で考え合うことができるはずなのですが、それをしない。それはまさしく、日本人女性としての記憶なんだと思います。もちろん世界中にそのような問題があるのですが。

KR そうですね。アメリカの文化にもあります。

よしもと だから『女性であること』のクリーニング、この点においてホ・オポノポノは特に有効だと思います。

KR 「女性」と言った場合、男性の中にもある『母性』の部分も含まれます。

よしもと 男の人が最後に持っている、本当の優しさとは『母性』だと思います。太宰治もそう言っていたらしいです。だけど、今の日本の社会では、男性がなかなか母性のほうまでたどり着くほどの優しさを表現できることが難しくなっているように感じます。
男の人が持つほんとうの優しさというのは、女の人の優しさと少し違うんですよね。たとえば、彼女がとっても仕事が忙しくて、『もうこんなに仕事が忙しい！　休みたい！』と言ったとします。女の友達なら「だったら何か美味しいものを食べにいこうよ」とか「旅行に行ってゆっくり休もうよ」と言ってくれる。でも男の人が持っている本当の優しさっていうのは、もう何も言わず、聞いてないフリをするんだけど、陰ですっごく働いて、そのことも言わないで、彼女がいつでも仕事を辞めていい状態に準備することができる、という部分だと思います。でも男の人がそれを表現できる環境がまだまだ少ないと思う。
KR　そういう優しさを持った男性は素敵ですね！（笑）
よしもと　あ！　男の人がいた！　あなたはどうなの？（笑）。（部屋の中で唯一の男性スタッフを指して）
でもやっぱりそれにはお金の問題が大きいと思います。今取り組むべき課題の一つは、お金の問題だと思います。

ＫＲ　はい。個人セッションでも特に多い相談内容です。

よしもと　あらゆる意味で、お金への対し方が今の社会の問題になっていると感じています。この本にそのことが書かれていたのでとてもいいなと思いました。

つまり、その問題の解決方法はお金を稼ぐことではなく、お金がない生活をすることでもなくて、クリーニングすることだと。

ＫＲ　クリーニングの機会をありがとう。わたし達はみんな、記憶を共有していますが、それぞれ、その記憶の体験の仕方が異なります。ですから、今起きていることをあなたの言葉で聞かせてくれることにとても大きな意味があります。たとえば、ばななさんが説明してくれた『お金』を例に挙げても、みんなそれぞれ、記憶の体験の仕方が異なります。

編集部　ばななさんがホ・オポノポノと出会ったきっかけは何だったか、覚えていますか。

よしもと　いつだろう。いつのまにか。誰かに紹介されたのは確かだけど。何人かの人に同時に。でもそういうときって、必ず何かがあるんです。

ＫＲ　そうなんですよね。とっても面白いことです。トントントンって気づいたときには、目の前に自然と道が用意されていたような。わたしも同じような体験をよくします。

よしもと　あるんですよね。そういうことだったと思います。

ＫＲ　その人にはその人が出会うべきタイミングというものがあります。ばななさんのように、あるとき自然な形で出会うことができるものです。知るべきことに出会う力は自分の中にあるのですから。ばななさんの中にももちろんその力があって、特にそのことに気づいたり、自分の中に取り入れる力が強いと思いました。

よしもと　今思うと、ホ・オポノポノを知る前から、違う形で自分でもそれをやっていたように思います。もちろん当時は、それをどう表現したらいいのかはわかりませんでした。なんて言ったらいいか、わたしは昔、自分は頭がおかしいのかと思っていました（笑）。

たとえば、古い旅館に泊まったとき、すごく怖い部屋だと感じたり、人がものすごく争った後の感じを受け取ることがありました。そして、そのことに対して、自然と外から葉っぱを一枚持ってきて、部屋の中に置いたり、温泉のお湯をコップに入れて置いたりしました。しかも、コップはなぜかテーブルの上ではなく、鏡の前にとか。理屈は自分ではわからなかった。それで頭がおかしいのかなって思いました。

でも、たとえ頭がおかしくても、「有効なら良い！」と思って続けていたんです。そうしたら、ある日、それとまったく同じことがホ・オポノポノの本の中に書いてあったんです。「ああ、わたしはおかしかったわけじゃなかったんだ」ってホッとしました。

KR　わたしもホ・オポノポノと出会う前は同じような体験をしました。自分にとって自然な流れこそすべてですよね。

　ばななさんの作品からも、その自然な流れから生まれる繊細さや柔和さを感じます。ばななさんの本を読むと、まさに人間の考え方、人間の中で起きていることがはっきり言葉を通して表現されていて、自分自身に正直でいることを許されている気分になります。自分が自分自身に対して本当に客観的になれたとき、自分の潜在意識と表面意識がどう交流しているかということに正直に向き合うときに、初めて見ることができる世界だと思っています。

よしもと　ありがとうございます。

KR　わたし達は日頃、自分をすごく制限していますよね。制限された以外の部分が見えていない。でもオープンで、正直でいることで、自分が解放された状態でいることができます。ホ・オポノポノもそうですよね。自分に自分で「自由になっていいんだよ」と扉を開き、どんなときでも、宇宙から与えられている多くのものを自分の栄養として受け取ることができます。

「何も変わらない、変化を感じられない」

編集部　クリーニングをし続けても「何も変わらない、変化を感じられない」と言う人がいます。

よしもと　わたしは大変現実的な人間です。現実的であるということは生きていく上でとても重要なことだと思います。旅行で訪れた場所が不吉だったときにわたしがとった行動だとか、ホ・オポノポノを実践することは、何よりも現実的に「有効」だから。現実的に有効であるという話をすると、必ずお金の話とか豊かさの話と結びつける人がいますが、それこそがとても貧しいことだと思う。というのは、現実的に有効というのは内側の豊かさにとって有効という意味だから。

イルカは超音波で会話をしますよね。それと同じように、たとえば人との関係をクリーニングした場合、イルカの超音波のように戻りが早い人のほうが、自分の近くにいて良い人だったりします。クリーニングしても、奥から奥から記憶が出て来て改善されないような人間関係、そのようなときは大抵離れていったりします。しかも自然に。たとえば引っ越していってしまったりだとか、あくまでも自然に。

逆に、クリーニングしたら突然その人が変わって、自分にとって素晴らしい人物になったりすることもあります。だから、わたしにとってクリーニングとは、『超音波』のようなものであり、『ものさし』のような存在。これもまた誤解されやすい言葉だけれど、とても合理的なものだと思っています。

KR 完璧に表現してくださいました。自分の中で内省していかない限り、外には表現されていかないですね。

よしもと だけど、人間はそうやって内側を見ているとき、自分に対して自信がないですよね。「絶対に自分の考えは合っているんだ」と自信がある人がいたら、それはそれでおかしいわけで。だからそんなとき、目には見えないことに対する自分の『ものさし』こそがクリーニングなんだって思います。

KR まさしく。クリーニングは自分の中で起きている、目に見えない部分を自分にとって計り得るものにしてくれる存在ですよね。問題は、いつでも自分の外側ではなく、内側にあるものですから。

よしもと うん。そこが一番すごいところだと思います。たとえば世の中には、いろんな問題解決の方法がありますよね。頭に電極をつけて瞑想《めいそう》したりとか、「ありがとう」と一〇〇万回言ったりとか。

他にもいろいろな方法がありますが、やっぱりホ・オポノポノは無駄が少ない。わたしは自分にとって無駄が少ないことが好きなんです。でも、人によっては無駄が少ないことを嫌う人もいます。大変なほうが好きな人もいます。人それぞれの好みだとは思いますが、私にはクリーニングが自然な方法です。

KR　「ガンバリマス！」と最初ははりきるけれど、疲れてしまいますよね。

ホ・オポノポノをすることで、いろいろなことが起きているけれど、実際に何が起きているのか、表面意識ではすべてを捉えきれません。わたしも同じです。

よしもと　たとえば、人間関係をいつ終えてよいかわからなくなってしまった場合ですが、花瓶に生けたお花を、何回水切りをしても、もうここから先はダメだなとわかる線がありますよね。それと同じことを、クリーニングすることで、現実の世界でも見ることができるようになると思います。水切りをすればもちろんお花は日持ちするけど、ここから先はさよならだなってわかるときがある。ホ・オポノポノでもそれとまったく同じ感覚なんです。もうここから先は自分が決めたことじゃないなって。

誤解がないようにしたいのは、日本人は真面目だから、相手がナイフを持って向こうから襲ってきても、クリーニングしていれば大丈夫と捉えてしまうかもしれない。でも本当は、そういうことではないということを含め、その点についてこの本ではものすごくちゃんと説明してありました。

日本人は、イハレアカラさんの本を読んだときに、いざ殺されそうになっても、クリーニングしていればいいんだと文字通り受け取っている人も、もしかしたらいるかもしれない。イハレアカラさんの優しさは、さっきの話にも出たように、男性の持っている母性の部分だから余計なことを言わないんですよね（笑）。だけど、KRさんはとても現実的に警察を呼びなさいと言っているから、現実の世界でどのようにホ・オポノポノを取り入れられるのかわかりやすいと思います。

KR そうですね。クリーニングしたら「はい終わり」ではなく、そこからわき起こってきたことに対して、現実に忠実であるということはとても大切です。一瞬一瞬クリーニングしながら、行動に移します。逃げるときは逃げます。

よしもと　そう。ホ・オポノポノに関してその部分だけが誤解されているかもしれないと思ったので言いました。

ＫＲ　見せてくれてありがとうございます。

モノ、土地、植物への関わり方

編集部　お二人が、日頃モノや土地などに話しかけたり、クリーニングするときのポイントを教えてください。わたしはいつも忘れてしまいます。

ＫＲ　クリーニングというのは人生におけるオプションで、その人それぞれが、ホ・オポノポノをするかしないか、いつでも自由に選択できます。ですから、自分を内省したり、そういう用意ができたときでもいいです。

たとえば、この本（※１）もただのモノではありません。一つのアイデンティティーで意志を持っています。そのような存在に対しての尊敬の念や尊重する気持ちは、クリーニングを続ける中でも自然とどんどん自分の中からわき起こってくると思いますよ。

土地もそうです。意識がある存在に尊敬を表現するのと同時に、目には見えない自分とその

※１　Hardboiled & Hard Luck［ペーパーバック］
Banana Yoshimoto（著）, Michael Emmerich（翻訳）　Grove/Atlantic. Inc 刊
ハードボイルド／ハードラック［単行本］吉本ばなな（著）　ロッキング・オン刊

土地とのあらゆるしがらみを、この機会に手放すことができるのも、またクリーニングです。たとえば、物件を探しにいったときに、家の中に入って天井を見て、「天井が気に入らない、ボロね」と話していたら、家はその会話を聞いているので傷つきます。そういう方法ではなくて、「天井さん、だいぶ古くなっているけど、新しく直す?」と聞いてみることもできます。結果が同じことであっても自分の姿勢が違います。

たとえば、木が朽ちかけて危なかったり、何かの病気にかかっているという理由で切るときも、ただ切るのではなく、わたしはその存在に対してアクションを起こす側として、たとえば、問いかけるなど、自分にできることをします。そうすることで、わたしの中でその木とわたしが共有する記憶を手放すことができます。お互い命を持った者同士が関わることで、痛みなく見送ることができます。

よしもと そのようにして、モノや土地や植物に関わるのは究極的には自分のためですよね。

KR Ｙｅｓ!!!

よしもと よぉく物事を見ていくと、一つ一つの事柄がどれほど繋がり合っているかということに気づいてぞっとすることがあります。

さっきの話でいうと、わたしの繊細さや直感の力、「ここは嫌、ここは好き」とか「ここは悲しい」「なんだかこれには触れたくない」という感覚など、そういったことを人に話すと、必ずといっていいほど人は「あなたは繊細すぎる。もっと強くなりなさい」と言います。「心を鍛えなさい」とか「ヨガをしなさい」とか「もっと歩くといい」とかいろんなことを言うでしょう。逆に「もっとその繊細な部分を伸ばしなさい」とか。でもどちらにしても、それって雑だな〜って思います。そういうやり方は、雑だし、効果的ではないと思います。

たとえば、自分の子どもに「あなたは繊細すぎるから強くなりなさい」と言って、その子は本当は絵が描きたいのに、柔道を習わせたりすることとまったく同じだなと思えたんです。つまり雑に扱われるということです。そういう中で、わたしはあまり人から言われることを気にしないようにしながら、物事をよく見るようにしました。そうしたら、たとえば、このコーヒーをどういうタイミングで飲み終わるのかとか、もしわたしがこのコップを倒したとしたら、その本当の原因がどこにあるのか、それはもしかしたら、今朝起きたときの目覚まし時計を止めたときの感じから来ているんだとか。それくらい繋がっているんですよね。だけど、そういうことをいちいち意識していたら、それこそ、本当におかしくなっちゃう（笑）。だからこそ、一瞬一瞬を雑にしないということが、唯一自分ができることなんです。「このコーヒーをいつ飲み終わろうかな、そしたらその後どうなるだろう」と気にするのではなく、自分は完璧なタイミングで完璧なことをしているんだって自信を持つことが大事だと思います。

そのためには、ちょっとした目の前にあるモノなどに気をつけることが自分にとって大切なことだと思っています。たとえば、家を出る前に、今日はグリーンの靴下を履いたほうがいいなって思ったとき、でも面倒だし、見つからないから他の靴下を履いて出かけたとします。そうすると、そのちっちゃいことが、恋人と会っているときの自分の自信を失わせたりする。

すべてがそういうふうにできているから、朝、グリーンの靴下がわたしに履いてほしいと言っている、あるいはウニヒピリがグリーンの靴下を履きたいと言っているのがわかったのであれば、たとえ三分遅刻しても靴下を探して履いたり、そういう感じのことだと思います。

KR　まさに一つ一つをクリーニングしていく良い例ですよね。ばななさんはまさに『今この瞬間』の中にいるから、ウニヒピリやモノの小さな声を聞くことができるのだと思います。グリーンの靴下の例、大好きです。

よしもと　でも人間って、自分の意志でなんとかすることができちゃう。たとえ今履いている靴下がグレーで、家でグリーンの靴下が泣いていたとしても、「でもわたしは大丈夫よ！　何も問題はない！」って言うこともできます。できるのだけれど、そういうことってどこかに無駄な力がかかっているんです。ウニヒピリが無視されるんですよ。だから、そういうことは小さく小さく自分を傷つけていくのと同じで、小さくリストカットしているのとほとんど変わらない。本当は。そんな大げさな！　と思うかもしれないけれど、流れとはそのくらい重要だし、直感はそのくらい信頼できるものです。

編集部　日本の皆さんはウニヒピリの存在に気づきたい、ウニヒピリの声を聞きたいと一生懸命になっています。

よしもと　やっぱり楽しさや自由さがないと何だって続きませんよね。それに、どんなに悩んでいたとしても、皆屋根があるところに暮らすことができて、ごはんも毎日食べているわけだから、そんなに思い詰めなくても、とそんなふうにいつも思っちゃうんですけど。みんな一生懸命すぎるんですね。

KR　そんなふうに一生懸命になっているときこそ、ウニヒピリは一人ぼっちです。そんなときこそ、丁寧にクリーニングしたいですね。

たとえば、わたしは深刻になりそうなほど、飛行機が苦手なんです。もちろんクリーニングはするんですけど。そしたら孫がｉＰｏｄにアニメを入れてくれ、飛行機に乗っている間中、そのアニメを見て大笑いしながら過ごすことができました。『マダガスカル』と『シュレック』でした。そんなふうにわたしにとって最悪な時間でも、自分を楽しませることができます。自分にとって大切なことです。多くの人達が、この歳だとこういうタイプの本を読むべきとか、この映画は子ども向きだとか決めるけれど、わたしには関係ありません。

よしもと　その通りだと思います。

ＫＲ　年齢もクリーニングできる一つの体験ですよね。歳とか国籍に対する想いや考えも記憶の再生だったりします。

たとえば、日本に滞在中、多くの人と関わる中で、心が動かされるほどの体験を与えてくれます。いろんなタイプの人がいます。自由な人もいれば、深刻そうな人もいて、でもみんな真剣に話を聞いてくれます。

ホ・オポノポノは自分がたとえどんなところにいても、使うことができるプロセスです。ばななさんがおっしゃったようにどんなことが起きていても、どんな場所にいても、そのときの自分にとって有効な方法です。

「楽しい」はとっても大事

編集部　ばななさんは日本人をどう思いますか？

よしもと　もともと楽しいことがとっても好きな人達だと思います。それを取り戻してほしいなっていうのは最近よく思います。小さいことの中に楽しさや美しさを見いだせる人達だと思います。毎回いろいろな国に行くたびに「日本のトイレが水洗なのって本当に素晴らしいなぁ！」としみじみ感動しますね。

KR　素晴らしい体験ですね。わたしも同感です。

よしもと　もっとそのことを誇りに思っていいのにって！　日本人がもっと「みんな日本においでよ」って気持ちになればいいのにって。

編集部　なぜ誇りがなくなっていると思いますか？

よしもと　なんででしょうね。楽しいことが少ないからじゃないでしょうか。というか、楽しそうにしている人が割と少ないですよね。やっぱり海外に行くと、歩いているだけで楽しそうな人がよく目にとまります。歩いているだけで怒っている人もどこの国でももちろんいっぱいいますけど、そのぶん、歩いているだけで楽しそうな人もたくさんいます。

KR　ええ（笑）、ハワイでも良く見かけますね！　わたしは日本を含め言葉が通じない国に行ったとき、何を言っているのかわからないけど、感覚として笑っちゃうんです。ばななさんという存在からも楽しさやユーモアを感じます。楽しさってなんだと思いますか。

よしもと　あんまり考えたことがありません（笑）。でも、自分が考えていることを無理矢理変えても意味はない、ということはわかります。やっぱり時間がもったいない。感情とできごとって、必ず深いところで繋がっていると思います。どんなに笑顔でも、心の中では怒っているとか。ああいうのって絶対どこか深いレベルでは必ず相手に通じている、いつもそういうふうに思っています。

わたしのフラの先生の一人で、ものすごく美しい人がいるのですが、その美しさのあまり、ひどい目にもあってきました。突然殴られたりだとか。でもいつも楽しそうで、たとえ骨折しても楽しそう。風邪をひいても、風邪をひいている感じが楽しい！　みたいな。

KR　周りもどんどんうつしてってなっちゃいますね（笑）。

よしもと　その人もスピリチュアルな人で、このあいだフラのスタジオに行ったら、その先生が「なんか今日はここにちっちゃい自分がいるのよ」と言ったんです。「それっておへそのあたり？」と聞いたら、「もっと下！」ってきっぱり言うんです。「今日はここに小さい自分がいるから、歩くたびに巻いちゃって、歩くのが大変。でも踊るときはいいのよ！」と言っていました。それを聞いて「なるほど！」と納得しました。こうやってこの人はウニヒピリと付き合っているんだなって。「踊るときは横に揺れるから楽しいけど、歩くときは邪魔なんだ」みたいな（笑）。

KR　ふふふ、楽しい付き合い方はいいですね。

よしもと　はい。なんかそういう感じのほうがいいかなって思いました。楽しそうっていうことってとっても大事だなって。

KR　わたしはウニヒピリに愛情表現を怠っているなと感じると、自然と自分の肩のあたりを手の平で優しく叩《たた》いたり、そのときのインスピレーションから自由にやっています。人それぞれいろんなやり方がありますね。体とウニヒピリは繋がっています。

ばななさんは、『体』についてどんな体験をしていますか。

体の声に耳を傾け、扱う

よしもと　わたしなんて、よく反省したりクリーニングするのですが、体なんてあるの？　ってくらいひどい使い方をしています。だけど、体の痛みと心の痛みはほとんどイコールだと思っているので、だから何か痛みがあるときは、今自分が何かに対してやりすぎてしまっていることに気がつきます。だからこそ、いつでも微調整が大事だと思います。溜めてしまうと何だって大変なことになりますから。

ＫＲ　体の声に耳を傾け、扱うということですよね。ばななさんがおっしゃる微調整は、わたしにとってのクリーニングです。

わたしにとっての体とは乗り物のようなモノではなく、大親友という感じです。体も一つの存在、アイデンティティーを持っているわけですから、何が必要なのかを話しかけるようにしています。病院に行くと、体が道具のように扱われるような体験をすることがあります。自分に何かを提供するための存在として体は扱われがちですが、わたしはわたしで自分の体に対してもっと客観的に一つの存在として接します。

よしもと　う〜ん、ためになるな〜。

ＫＲ　そうすると、必要な処置やばななさんがおっしゃる、見るべき心の状態が見えやすくなります。

　ある日、庭で孫達と遊んでいたとき、孫の三輪車に乗ってみました。とても楽しかったです。何かに制限されるのではないから体も楽しいですよね。孫には「早く返してよ〜」って注意されました。わたしは自分の体に「三輪車に乗せてくれてありがとう」と心から感謝しました。

編集部　ＫＲさんはとても若々しいですよね。そうやってお孫さん達と仲良く遊べるのは、とても素敵ですね。

ＫＲ　わたしはやっぱりクリーニングが大切だと思っています。娘に対してもわたしが母親としての立場から意見するのではなく、『ほんとうの自分』として記憶を消去してから会話をします。立場から関わろうとすると、自分の言うべきことを見失います。そのせいか、孫達も楽しくわたしと関わってくれます。もちろん何か注意すべきことがあったときも、立場や義務からではなく、わたしという一つの存在が尊敬すべき一つのアイデンティティーに対して話します。

　ある日、レストランで娘家族と食事をしていたとき、孫達と一緒に話していたら、一人のウェイトレスが、「あなたたちは家族なの？」って聞いてきたんです。「そうですよ」と答えると、「そんなふうには見えない。だってとっても楽しそうなんですもの」と言っていました。いい調子だわ！　自分のクリーニングがうまくいっているな〜って思ったんです（笑）。ばななさんは子育てでどんな体験をしていますか？

よしもと　やっぱり子どもは大変です。

KR　そうですね。

よしもと　時間もたくさんとられるし、エネルギーもかかるし、もちろんイライラするし。ものすごいケンカもします。

でもなんと言えばいいか、いて当然っていうのかな。すでにいるものに対して、いないとはもちろん思えないのと同じように、頭で考えられないことです。だからよく何歳までに何かを達成して、何歳までに結婚して、何歳までに子どもを産んで、子どもをどういう学校に入れるみたいなことを言っている人がいるけど、逆にすごいな！　って思います。わたしは全然そんなふうには考えられない。ただ生きている子どもとの毎日があるだけ。そして毎日の選択があるだけです。

子どもがまだ小さいときから、ずっと一緒に旅行に連れていっていました。そのことに対して周りの人達はものすごく文句を言いました。たとえば、「長時間子どもを飛行機に乗せるのは良くない」「幼稚園を休ませるのは良くない」とか。あと、お金の話をする人も多かったです。「飛行機代を考えると、家に人を雇ってあなただけ旅行に行ったほうがいい」などと言う人もたくさんいましたが、わたしにとって気にはなりませんでした。一秒でも一緒にいたいという自分の本能の小さな声を大切にしました。

KR　もちろん子育ては大変です。ばななさんのおっしゃる通り、わたしにとっても説明のできないことでした。そして、そのことをわたし達がそのまま受け取るという姿勢はとても素晴らしいと思います。

わたしも同じように子どもを仕事場に連れていったり、移動を共にしていました。周りにもいろんなことを言われました。でもクリーニングをして、一つ一つを選択していけば、大きな問題は起きませんでした。何よりも自分の中は平和でした。形のない周りの意見をそのまま行動していたら、と想像するほうが怖いです。ばななさんがそうやって、勇気を持ってそれを言葉にしてくれるのは素晴らしいと思います。

子どもが赤ちゃんだったとき、ずっとおぶったり抱っこしたりして仕事をしていたら、わたしの母は心配で「危ないわよ、ベビーベッドに寝かせておきなさい！」と注意しましたが、わたしは抱っこし続けました。今この瞬間は、今の自分の愛情表現をしたいとクリーニングを通して自信を持って感じました。

よしもと　とにかく、子育てはきれいごとではないということは確かです。もちろんすごく美しいことですが、だからといって、クリーニングすれば自分が周りから認められるような正しい母親になれたり、素晴らしい子どもが育つってことでもないと思います。そういう期待こそクリーニングすべきことだと思います。

KR　子育ては、それこそふんどし一丁でジャングルに行くようなことです。簡単に言うと。

よしもと　完璧な表現ですね！（笑）。母親はみんなすごいことをしていますね！

KR　どんな人にとってもそれは変わらないから、まずそれを前提に思っておけば、大体のことが楽しく感じられるようになるんじゃないかしら。

KR　ふんどし一丁！　気に入りました！　ジャングルに入ると何があるかはわからないけど、クリーニングすることで、期待しなくても、準備できている自分でいられます。

よしもと　そのほうがいいと思います。大抵きれいなモヤに覆われているような状態だから。

小さなことから始めてみる

KR　ばななさんがホ・オポノポノを実践している中で質問はありますか。

よしもと　誰もが思っていることだと思うんですけど、そしてわたし自身は自分なりにはぼんやり解決がついていることだと思うのですが。もうあまりにも記憶が根深すぎて、クリーニングしてもしてもその問題が持っている色彩や感触が変わらない場合、もちろんクリーニングを続けるということだけが答えだと思うのですが、その場合、自分が生まれるより前や全人類が生まれる前の記憶だったりするんですよね。人間ってどうしてもそういうとき逃げようと思います。そういうふうにクリーニングすること自体から逃げ出したいと思っている人達に対して、何かアドバイスはありますか。

KR　見せてくれてありがとうございます。仮にその体験をしているのが、ばななさんだとして、あなたのその体験というのは、あなたが今ここから逃げたいという体験が事実として今ここにあるわけですから、その体験をクリーニングします。そして、それがあなたの過去世からきているかもしれない、また人類の始まりの前の記憶かもしれない。わからないけれど、そこから逃げたいという体験そのものをまず最初にクリーニングします。

さっきばななさんがおっしゃったように、どれだけクリーニングしても完璧な母親にはなれないし、完璧な子どもにはならない、完璧な妻にはなれない。ただ、『今この瞬間』の体験として起きていることをクリーニングするだけです。ばななさんのおっしゃるように自分にとってどれだけ効果的にこのホ・オポノポノを使うかということが重要ですよね。

よしもと　よくわかりました。この本を読むみんなにとって大きな意味があると思います。

大抵の人はクリーニングをするとき、小さいことから始めないで、いきなり大問題から始めようとするから、それで多分嫌になってしまう。もう少し小さなところから始めてみたらという気がします。でもそういう人は大抵「いや、わたしはこんな大きな問題があるからここから始めます」というふうに言います。でもそれより、もう少し細かいところからクリーニングを始めてみると、必ず何か返ってくるから実感が持てると思うのです。

KR　それは本当のことです。その小さいところをクリーニングすると、その記憶こそが大きな問題と繋がっているかもしれないし、その小さなことから、その次のところが見えたりするかもしれないです。

そして、その「小さい」「大きい」も自分の記憶ですよね。ホ・オポノポノのクリーニングの秘訣《ひけつ》というのは、今自分の周りで起きていることをただクリーニングすることです。その「小さい」「大きい」が自分の中で起きているとしたら、まさに目の前で起きていることこそクリーニングすることが最も大切です。

よしもと　う〜ん。秘訣ですよね。

わたしの場合、それには当てはまらないですけど、ホ・オポノポノを実践している多くの人から聞く話なのですが、自分が小さいときに起きた嫌なこととか、そういうことからクリーニングを始めないことには何もできない、始まらないんだと言います。

でも、たとえば、切れた電球を替える、この一見何でもないようなことが、実は思わぬところに繋がっていて、それがサインだったりするんですよね。それこそがその人の一番気になっている問題のサインだったりするんですけど、多くの人が「でも姑《しゅうとめ》が……」とか「トラウマを消さないと動けない」とか「家が狭いからいけないのだ」とか大きいところから始めようとします。もしくは、「もう何も気がつきたくないから」と、知らないうちに暗い部屋の中で考え続けていたりします。だからこそ、そういう小さなサイン、現れていることを見るほうがいいのではないかと、わたし自身感じています。

KR　その通りですね。たくさんのクリーニングが見えました。ばななさん、ありがとう。ばななさんが話すとまるで詩を読んで聞かせてくれているみたい。素晴らしいことですよね。

よしもと　でもわたし、ほんとうに頭がおかしいと思っていた時期があって、そうじゃないんだって再確認させてくれたこと、とてもうれしかったです。おかしくないってわかって。同じようにやっている人がいるんだって（笑）。人の家に行ってこっそり花瓶を動かすことさえありました。「あと三センチその花瓶は左に行きたがっている」って（笑）。

KR　だとしたら、頭がおかしいことは素晴らしいです。

よしもと　それを堂々と生き方として表現している人に会えて、とても励みになりました。もうこれまで何人もの人に「なんで？　そんなことどうでもいいじゃない」と言われ続けてきました。だからほんとうに励みになったんです。

KR　わたしはばななさんと時間を共有できたこと、とてもうれしいです。ばななさんに心から感謝しています。

よしもとばなな

1964年、東京生まれ。詩人・思想家の吉本隆明の次女。日本大学芸術学部文藝学科卒業。87年小説「キッチン」で第6回海燕新人文学賞を受賞しデビュー。88年『キッチン』で第16回泉鏡花文学賞、同年『キッチン』『うたかた／サンクチュアリ』で第39回芸術選奨文部大臣新人賞、89年『TUGUMI』で第2回山本周五郎賞、95年『アムリタ』で第5回紫式部賞、2000年『不倫と南米』で第10回ドゥマゴ文学賞（安野光雅・選）を受賞。著作は30ヵ国以上で翻訳出版されており、イタリアで、93年スカンノ賞、96年フェンディッシメ文学賞＜Under35＞、99年マスケラダルジェント賞の三賞を受賞している。著作は『ハチ公の最後の恋人』『ハネムーン』『王国』『イルカ』『まぼろしハワイ』『サウスポイント』『彼女について』など多数。最新作は『どんぐり姉妹』（新潮社）、『もしもし下北沢』（毎日新聞社）。

モーナとわたし 2

モーナにまず最初に教えてもらったのは、実はボディーワークでした。ボディーワークを学ぶ過程の中でホ・オポノポノを学び、体験し、実践していくようになりました。クライアントの体に実際に触れることもあれば、モーナがクライアントの体をトリートメントしている間、わたしはただ一人瞑想するようにと言われたこともありました。それから、少しずつ二人で瞑想していく時間が増えていきました。

初めにボディーワークから学んだことによって、知識からではなく、自分の中で実際に起きていることとしてホ・オポノポノに触れることができたのかもしれません。わたしはモーナと同じように瞑想をすることで、知識だけではなく自然とわたしの中でホ・オポノポノが行われるようになりました。

言葉で説明するのは難しいですね。

こんなことがありました。ある朝、早く目が覚めて、まるで操り人形のようにパパパッと支度をし、いつもより早くオフィスに着きました。モーナは、すでにドアの前に座って瞑想をしていました。すると、目をパチッと開いて「よかったわ。お客様がお待ちですよ」と平然と言うのです。いつもより早く着いていたので、わたしはちゃんと準備が整った状態で始めることができました。今考えると、モーナに引っぱられていたのだと思います。

モーナといるとそういう体験が数多くありました。ある日、お昼の時間なのに、その日は瞑想を長くしていたため、二人ともオフィスに残っていました。すると電話が鳴り、遠い国から来たクライアントが今ホノルルに着いたから、セッションをお願いしたいという連絡でした。モーナがいる場所では、いつも物事が完璧なタイミングで動いていました。

モーナは、『時間』や『日にち』をよくクリーニングしていました。スケジュール帳を一つ一つ丁寧に見ながら、まだ空白になっている数ヵ月先の月までも、あらかじめクリーニングするのです。その数字や、日程、スケジュールから感じることをただ素直に受け取って、4つの言葉を言うだけでもいいのです。わたしは今でも、モーナと同じようにスケジュールをクリーニングしています。

当時、モーナと毎日共に瞑想をしながら、実際にお互いの中で体験されていることをクリーニングし、インスピレーションから少しずつ完成していったのが、『12のステップ』(クラスで使うマニュアル)です。使用する言葉、段落、ページ、すべてがクリーニングによって決められました。とても時間がかかりましたが、クリーニングを通して、マニュアルが完成するまでには、『ベーシック1クラス』を開始するすべての準備が自然と整っていたのです。ヒューレン博士もその過程の中で、現れました。クリーニングを通して得られるものは、決してたった一つではないし、想像をはるかに超えるものなのだということを知りました。

こうして、クラスは世界各国で開かれ、ホ・オポノポノは医療の現場や国連などでも扱われるようになりました。

おわりに

わたしの個人セッションでの役割は、クリーニングして、ホ・オポノポノの使い方、つまりクリーニングの方法を伝えていくこと。クリーニングはまずわたしの中から始まります。今まで気づかなかっただけで、クライアントが相談する問題はわたしの中にずっとずっとあったものだから、個人セッションを通してクリーニングのチャンスを与えられていることにほんとうに感謝しています。

みんなそれぞれ、いろいろな悩みや苦しみをもっています。借金、中絶、病気、死、失恋……。しかし、どんな問題があろうとすべてわたしの中にもともとあるもの。セッションを通じて自分をクリーニングし、そうすることでクライアントもクリーニングされ、そのプロセスの中で「ほんとうの自分」としての道を見つけられることは、とても光栄なことです。

みんな同じボートに乗っています。

たとえば、クライアントが日本に住むティーンエイジャーの女性であれば、わたしは自宅（ハワイ）にいながら、自分の中にあるティーンエイジャーに関わる記憶をクリーニングできます。そうして今度は、その女性がクリーニングを始めれば、日本にいるティーンエイジャー達の中でもクリーニングが始まり、そんなふうに、起こるべき場所で、記憶はどんどん消去されていきます。すごいバランスのもとで、わたし達一人一人がこの世に、そして同じタイミングで生きているのです。

クラスしかなかったところから、個人セッションというプロセスを一緒に発見してくれたのはモーナです。瞑想を重ねながら現れてきた結果なのですが、とても深くクリーニングを行うことができ、その過程でわたしは、体力的にも経済的にも魂の部分でも、個人セッションを続けることができる土台を与えてもらいました。

個人セッション、そしてＳＩＴＨホ・オポノポノが今でも続いているということに対し、この宇宙、モーナ、クリーニングしている人々、あらゆる存在に感謝しています。

かけがえのない時間の中でこの本をお読みいただき、ありがとうございました。人生を歩むとき、あなたはいつでも『ほんとうの自分』を生きる機会を与えられています。ホ・オポノポノを学び、クリーニングを選択し、人生に参加していくことで、あなたはもちろん、あなたの家族、恋人、友人など、かかわる人々や周りにあるモノすべてを変化させます。

クリーニングによって記憶を手放したとき、『自由』はいつでもここに存在します。自分の周りの人や環境がどんなものであれ、わたし達はホ・オポノポノによって本来の自由で完璧な存在に戻ることができます。あなたの人生、国、地球までもが本来の姿を取り戻すのです。

いつもいつも平和を。

カマイリ・ラファエロヴィッチ

写真の説明

P6
右で凛としているのがミス・マーベル。左でじゃれついているのがモーツァルト。

P50〜51
お家と会話しながら、インスピレーションから描いたお気に入りのキッチンテーブルです。

P55上
経済的に余裕がなかった頃、子ども達とビーチで拾った貝殻を板の上に並べ、サーフボード屋さんが上から固めて、テーブルにしてくれました。わたしの宝物です。

P110〜111
仕事中いつも、オフィスの窓からこんなふうに、小鳥たちが水浴びをする姿を眺めています。どんなに難しい話をしているときでも、自然のリズムを思い出せるように、窓から見える場所に、小鳥のためのバスタブを置きました。実はこれ、ヒューレン博士のアイディアです。

P112
子どもたちが昔、二段ベッドとして使っていたものをソファーにしました。座っていると、子ども達の声が聞こえてきそう。

P194〜195
真っ白で、口を大きくあけているのが、新しくファミリーになった「バター」です。

P197下
The Statue of Liberty（自由の女神像）。

P199下
娘と孫達。

P200
キング・カメハメハ像の前で、イハレアカラ・ヒューレン博士と。

ホ・オポノポノ ライフ

ほんとうの自分《じぶん》を取《と》り戻《もど》し、豊《ゆた》かに生《い》きる

2011年3月8日　第1刷発行

2019年7月5日　第16刷発行

著者　カマイリ・ラファエロヴィッチ

訳者　平良《たいら》アイリーン

制作協力　SITH ホ・オポノポノアジア事務局

装丁＆本文デザイン　おおうちおさむ

本文デザイン　児玉英里子

写真　MIKO WALCZUK、中野聖也、平良アイリーン

編集　沼口裕美

発行者　渡瀬昌彦

発行所　株式会社講談社

東京都文京区音羽二丁目12-21

郵便番号　112-8001

電話　出版　03-5395-3522

販売　03-5385-4415

業務　03-5395-3615

印刷所　株式会社新藤慶昌堂

製本所　株式会社国宝社

ISBN 978-4-06-216811-3

N.D.C.914.6　246p　19cm